JN410798

현직 윤리교사가 펼치는
서각과 그 주변 이야기들

삶을 벗다보니

이 봉 진

도서출판 **서예문인화**

현·직·윤·리·교·사·가·펼·치·는

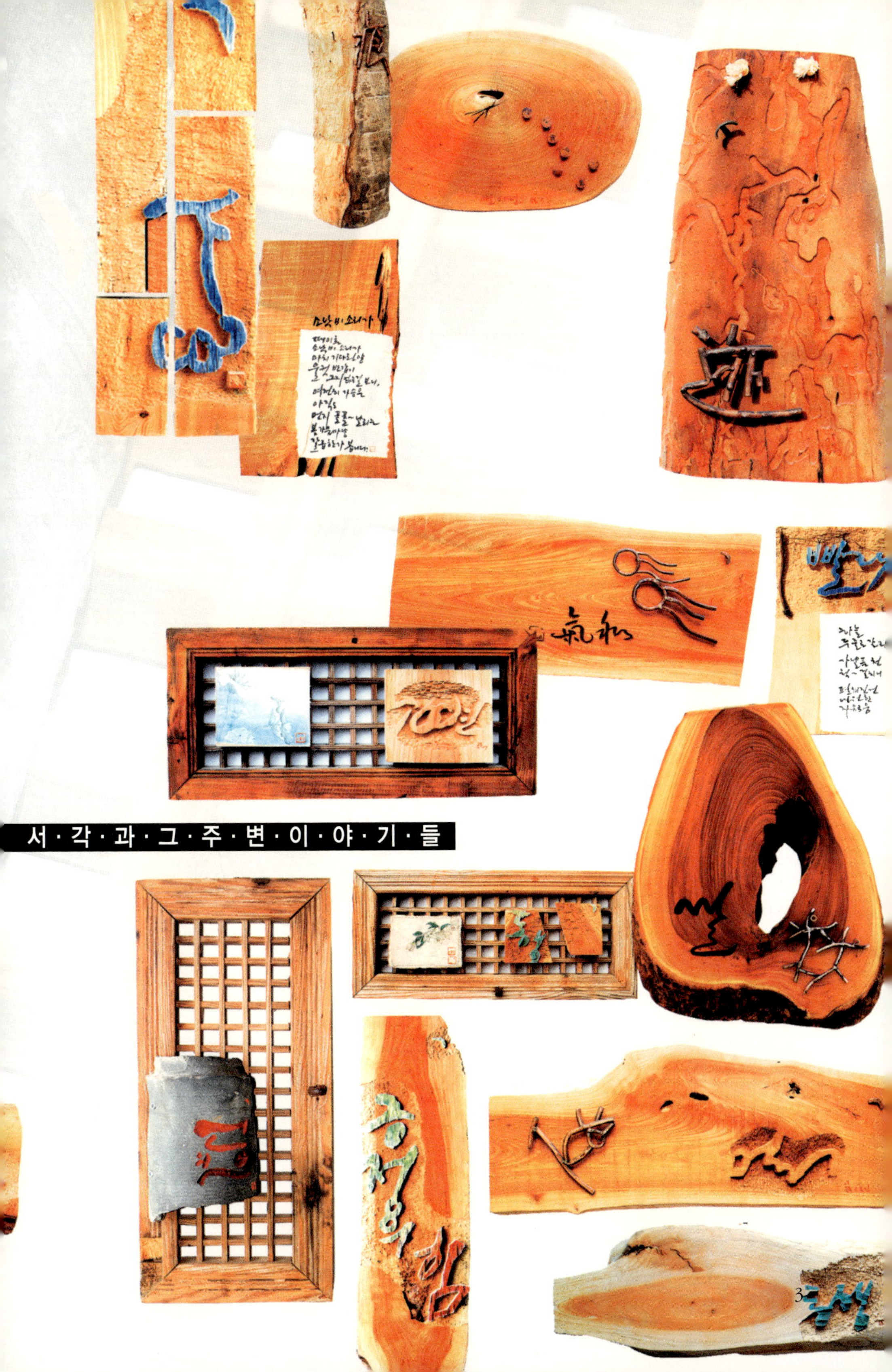

서·각·과·그·주·변·이·야·기·들

목 차

그 / 27×26×24cm / 자연석

되돌아보니
내 삶은 언제나 최고였다는 것
아쉬웠다면,

그 순간을
이 순간처럼
다만, 눈치 채지 못했을 뿐

흔히들 이렇게 자랑질을 하죠
특히 나 같이 혈액형 B트리플인 사람은,
책을 몇 권 냈고, 개인전은 몇 번 했고

순간 스치는 생각이
아~ 이런 게 바로 출판 공해, 전시 공해일 수도

그래도 이미 출판되었던 책이라면
얘 만큼이라도 잘 챙기자, 라는 생각이 떠올랐죠.
하긴 그래봤자 꽉 막힌 이 머리에서 나오는 게
거기서 거기 아니겠냐 만은.

고민 끝에 출판사에 연락하니 마음 착한 사장님 왈.
'요새 종잇값도 너무 오르고 또 경제가 안 좋아서……'
말 줄임표부터 바로 나온다.
'아마도 경제 안 좋기는 일연의 삼국유사 펴낼 때도 마찬가질 텐데요'
한바탕 웃고 나서야
그간 경험치 못한, 100%의 내 판권으로 결정이 났다.

갈수록 자신이 없다. 글 내용도, 작품도
다만 작은 바람이 있다면
'와~ 이런 내용, 이런 글로도 책이 될 수 있구나' 라고
소박한 독자들도 이 계기로 책을 쓸 기회를 얻었으면,

2023년 8월 밀양의 함소헌에서 이봉진

신고기어 없이

~~하늘에서~~ 떠다니는

온통 가능자 환상통 이라는.

마누라 보는데에도 무릎쑤신다고
애써 마련한 저녁끄니 반찬 탓하며
더 발작
아버지 고생하며 두번다시는
고생이 늘지 않으려고,
그래놓고 자식들에게 또 고생이질 한다.

햇살 좋은 늦겨울
아버지, 연두잎 가득 차는 이른 봄 햇살에
막걸리 한 사발 ~~햇~~에
고생이가 절로 힘 솟는다.
하루 종일 고물 몇개
막걸리 몇잔 마음으로 흡족한 인생일지니

잠시 쉬는 틈에
아까 막걸리 잔 들여다보니
~~술잔~~ 꿀벌 몇 마리 나자빠져 있다
하긴
저들도 얼마나 세상이 힘들 ~~거여~~ 겠나 거여 ~~겠다~~.
~~맛이 좋으면 취하~~
술잔 속에 파묻힌게 인가
죽은 건가. 낮잠 자는 ~~건가, 자는~~ 건가.

~~휘이~ 답답해서도~~, 죽은 듯이 ~~깨지~~ 않는다.
2010. 3. 1 15:30

인연

서각書刻,
그 가슴 떨림을 굳이 설명한다면
문자를 매개로 한 서예적인 맛
칼의 움직임에 의한 조각적인 맛
색채에 의한 회화적인 맛
그리고 다듬고 가공하는데서 오는 공예적인 맛을
두루 갖춘 종합예술이라면… 너무 자랑을 한 것일까

그래, 이 서각을 글로 표현하고
그 속에 쉬고 있는 작품을 잠시 불러
세상 구경을 시키고자 한다

수 백여점을 인연으로 맺는 동안
봄의 매화 꽃잎이 환상의 비가 되어 흩날리기도 하였고
한 여름날 소낙비 속에서 막걸리의 진수를 맛보기도 충분하였고
불타는 듯 애절한 단풍 천지에 전어의 고소함이 가득한 가을날 풍요로움도
오돌 오돌 떨면서도 한 줌 햇살의 따스함으로 다시 세포가 살아나는
새로운 희망의 겨울 아침도 만날 수 있었다

그래서 행복
정말 너무나 행복한 오늘이다

인연 / 50 × 23cm, 산벚나무 · 동파이프 / 2009

그 열정

"근데 이게 뭐꼬?"
"왜요? 선생님, 너무 재밌지 않나요?"
"아니…? 기발한 건 좋은데 뭣에 쓰려고?
 설마 배고프다고 라면 끓일려고는 아니겠지? 그런데 이 양말은 또 왜?"
"…???"

여전히 생글거리는,
딱 이팔청춘의 초롱초롱한 눈망울은
어디로 튈지 모르는 영판 개구리 모습이랄까.
언제 봐도 아이들 아이디어는 늘 우리 시대를 앞서가는 듯하다.
벌써 성격 급한 급식도우미 현경이는
냄비 손잡이에 알록달록한 양말을 양쪽으로 묶더니 이내 머리에 쓴다.
영락없는 코메디다.

어디서 숟가락을 또 준비했는지(근래 급식소에 숟가락 분실이 많다고 난리인데)
두드리는 소리에 벌써 분위기가 뭔가 일을 저지를 것 같은 게 요상타.

어제의 체육대회가 얼마나 열정적이었는지
오늘따라 수업분위기가 영 아니다.
아무리 띄우려 해도 눈꺼풀이 축 쳐진 게 완전히 기가 빠진 느낌이랄까.
하긴 이놈들 그때 방방~거릴 때 알아봤지.
아무리 이팔청춘도 좋지만 그렇게 날뛰어서야 어디 몸 성한 곳 있으랴.

그냥 맘속으로 피식 웃으니
내 웃음을 눈치라도 챈 듯 그제야 분위기 메이커
진희의 쉰 목소리 푸념이 터져 나온다.

"아이구, 죽겠어요. 어깨, 팔 다리가 쑤시고…"
"어른 앞에서 못하는 게 없다."
"아마, 저 내리는 비 때문인지 더 쑤시는데요."
"하하하~~~"

웃음이 한 번 터지니 여름철 닭 병(?) 걸린 모습은 온데간데없이 완전 시장통이다.

"근데요, 우리 반 응원 상 받은 거 아시죠?"
"응, 알지. 아주 보기 좋았다. 근데 이게 뭐꼬?"

교실창가에 나뒹구는 몇 개의 냄비뚜껑이다.
이 녀석들도 이번 체육대회가 꽤나 힘들었는지 온통 상처투성이다.

"그 열정으로 우리가 응원 상 받았잖아요."
"그래, 맞다. 그 뜨거운 열정… 다시 돌아오지 않을 우리의 청춘에게 박수 한 번 쳐보자."

그 열정 / 33 × 23cm, 밤나무 / 2008

또 아침햇살에 희망을 거는

참 기특하다.
아무리 생각해도 기특하다.

마치 먼 옛날 여호수아라는 사람이
'여리고 성'을 일곱 바퀴 돈 순간 무너진 것처럼 말이다.
한 바퀴 돌았을 때 조금 성城의 느낌이 다르고
서너 바퀴 돌았을 때 그 일부가 균열도 가고
했으면 얼마나 좋을꼬? 마는
마지막 1초를 남겨 둔 시점까지도 꿈쩍 안했으니
그는 그렇다 치더라도 따르는 백성들은 얼마나 원망했으랴
그 원망의 기운에다 피곤함까지 여호수아라는
사람도 꽤나 미칠 노릇 아니었겠는가, 상상만 해도.
그런데 그 믿음이, 그 확신이 1초 후에 기적으로 나타났으니

그게 인생이고 세상사는 스릴이겠지.
그 스릴 때문에 또 아침햇살에 희망을 거는 기쁨이리라.

일부러,
진짜 일부러 시장에서 아들 이름 크게 부르니 부끄러워 미치겠단다.
그래도 “아들, 사랑해” 한 번 더 소리치니
사랑이고 뭐고… 원망 투성인 모습이 얼굴 가득 묻어나온다.
마음속이야 진짜 그럴까만은.

그런 부끄럼 많은 아들이 초등 마지막 반장선거에 나온단다.
누나도 나갔으니 자기도 한 번 나가 보겠단다.
귀가 의심스러워 다시 물으니 목표는 ‘떨어지는(?)’ 거라나.
그래도 그게 어딘가?
내 그만한 시절 어디 꿈꾼 적 있었던가.

“그래, 참 잘 생각했다. 안되면 어때?
한번 도전해보는 거 자체가 너무 좋아.”

아침 출근을 하면서 힘껏 껴안아 주니 온기가 남다르다.
'화이팅!' 하면서 하이 파이브까지!

하하하… 총 2표 받았단다. 반장후보가 7명 나와서 5등을 했다나.

"정말 장하다. 그래 너까지 포함해서 2표야?"
"아뇨, 전 다른 아이 찍었는데요."
"엥 ~ 그럼 순수한 2표네, 그게 어디야"

아무리 생각해도 도전 그 자체가 너무 기특하다.
날 잡아 아들 좋아하는 삼겹살이나 실컷 먹이면서
한 번 더 껴안아 줘야겠다.
오늘따라 너무 행복한 하루다.

또 아침햇살에 희망을 거는 / 40 × 120cm, 느티나무 / 2008

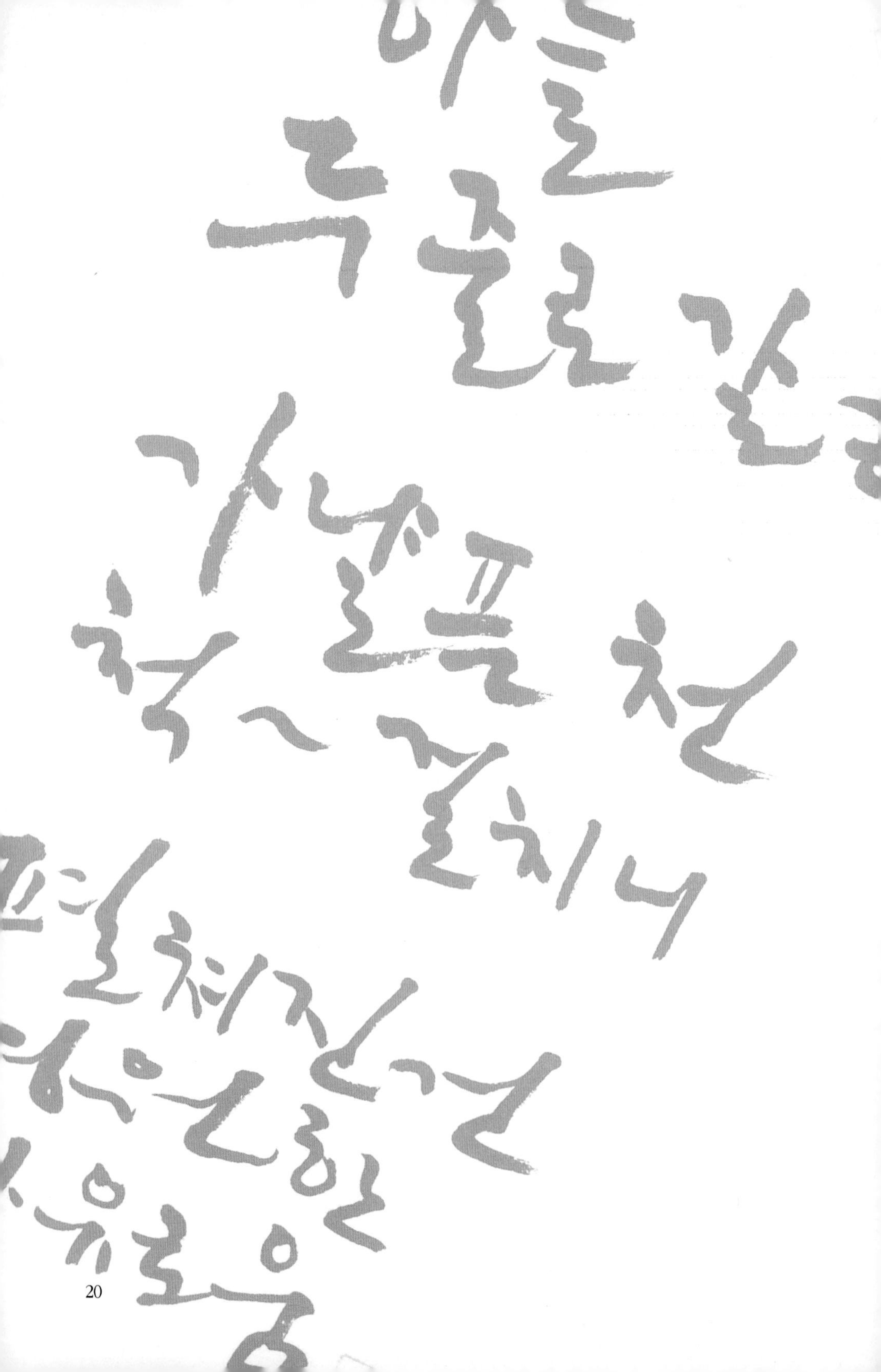

빨래

하늘
두 줄로 갈라

가냘픈 천
척~ 걸치니

펼쳐진 건
영원한 자유로움

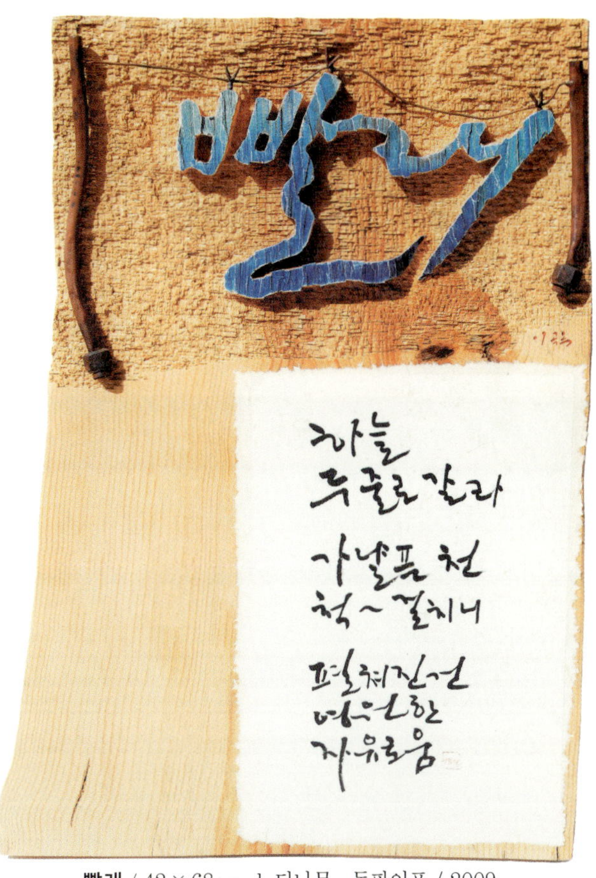

빨래 / 42 × 68cm, 느티나무 · 동파이프 / 2009

무시하지 마. 난 안 썩어!!

밤새
얼마나 밟히고 또 밟히었을까
깡통이 낮은 자세로 포복을 한다
낮아질 대로 낮아진
닳을 대로 닳아빠진 깡통을 보니

또 다른 쪽 길 한 가운덴
차들에 얼마나 짓밟혔는지
이내 아스팔트랑 한 몸이 되어버린 놈도 있다
마치 더 이상 잃을 것도 없는 듯
맨 몸으로 버티면서 항변하듯 울부짖는다

"그래, 난 안 죽어.
무시하지 마. 난 안 썩어!!
너희들보다 더 오래 살 거야."

무시하지 마. 난 안 썩어!! / 100 × 34cm, 밤나무,깡통 / 2007

귀향

어머니 뱃속으로
다시 들어가다

살점 뜯기고
마음 가난해진 새벽녘에야
비로소
귀향 ◻

귀향 / 76.6 × 27cm, 느티나무 · 동파이프 / 2009

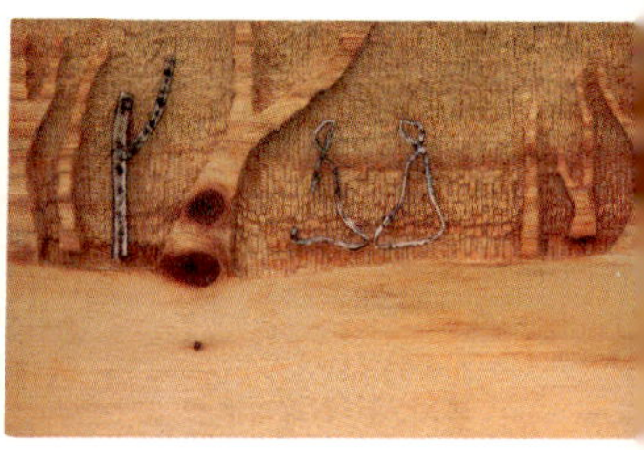

바람같은 자유함이…
한없는 여유로움이
… 이 순간의 소중함이

저 멀리 아스라이 숲이 보인다
연필로 쓱~쓱~ 그은 듯 엉성한 겨울 숲이다
그렇게 오밀조밀하던 잎들이 떨어진지도 오래인 듯
그 황량함마저 오히려 정겹기만 하다
그 사이로 바람도 쉬어가고
새들도 이젠 그대로를 드러내도 두려워하지 않는
마음껏 날개 짓해도 걸림이 없는
그야말로 모두가 평등한 세상인 것이다

그래서
여름 숲은 부끄러움을 가려서 좋은 듯하고
겨울 숲은 그 부끄럼마저 다 던져버린 자유 그 자체라 참 좋다

바람같은 자유함이… 한없는 여유로움이… 이 순간의 소중함이… / 300 × 34cm, 소나무 · 동파이프 / 2010

그 울창한 잎들 때문에 미처 나누지 못한 게 여름나무라면
따스한 햇살마저 골고루 나눠주는 게 바로 겨울나무랄까
그 겨울나무의 배려와 공평함이 오늘따라 정겹기 그지없다
마치 스스로 가장 낮은 곳에서
모든 만물과 더불어 사는 숲처럼 말이다

남들 열심히 운동하는 그 자리에 누워
하늘을 보니 마음껏 창공을 누비는
새들의 바람같은 자유함이
앙상하지만 초연한 겨울가지 사이로
먼 옛날 선승禪僧의 한없는 여유로움이
'그래도 언젠가는 이때가 참으로 그리울 때가…'
늘 생각하던 이 순간의 소중함이
바람결에 초연한 풍경소리가 되어 지나간다

어머니

"어머니. 아까 밥 해 놓으셨잖아요."
습관처럼 또 쌀을 씻는다
"참, 그렇지. 내가 진짜 바본가 봐. 이리 정신이 없는 거 보니…."

어느 누구든 가난했던 시절
홀 시아비에 늦은 총각 셋 중 맏이로 시집 와
궂은 일 마다 않고 죽을 둥 살 둥 모르고 일하다
그마저 복이 다했는지 남편 일찍 사별하고
남은 건 옹기종기 모여 앉은 육남매와 노란 하늘뿐이더란다

추운 겨울날이면 동태 몇 마리, 두부 한 판 머리에 이고
이 동네 저 동네 행상하다 보면 손은 어느새 꽁꽁 얼어있고,
더운 여름날엔 허리 펼 여가 없이 남의 집 일 나가면
그나마 줄줄 따라오는 새끼들 입에 풀칠 할 수 있다는 게
오히려 더 고맙더란다

배울 기회 놓치다 보니 영영 까막눈이던가
삼거리 주막집 시절,
수 십 여명의 외상 술값이 늦은 밤 즈음엔 솔솔 나온다
마치 명주 품은 누에 실타래처럼…
침 묻은 연필로 꾹꾹 눌러 외상장부에 적다 어머니 쳐다보면
미소 반 피로반 알 듯 모를 묘한 표정 짓던 게 엊그제 같더니만

이젠 기억이 나질 않는단다
진짜 기억이 나질 않는단다

이런 날 앞으로 얼마나 될까 싶어
살며시 잡아본 투박한 거북손등 위엔,
6.25도, 물 설은 식모살이도, 동태 비린내도, 두부향기도…
마치 숨은그림찾기 하듯 올올이 새겨져 있었다

"기억 그거 좀 안 나면 어때? 내가 누군지는 알잖우?"
"내가 그걸 모르면 바보이게?"
"어머니가 금방 바보라면서?"

싱긋이 웃는 모습에
마치 시한부 인생 같은 간절한 행복이 묻어난다
더도 덜도 말고 진짜 지금처럼만 계셨으면 참, 참말로 좋겠다
오십 줄 앉은 아들에게도 가끔씩 큰소리치는

어머니 / 30 × 68cm, 느티나무 · 동파이프 · 삼베 / 2010

희망

상처란,

이 순간은
이미 다 나아
더 이상의 고통 사라졌지만
그 순간은 참 힘들었다는 표징

두 번 다신
되풀이 되어선 안 될
또 다른
희망의 표상

희망 / 27 × 44cm, 느티나무 · 동파이프 / 2008

미안하다

또,
오른손이 욱신거려 병원 찾았더니
별 이상은 없단다.
난 별 이상이 엄청 많은데,

지난 세월 배구할 때 잘못 짚은 욱신거림이
그 옛날 친구한테 베인 낫 자국의 저림이
저 잘난 서각 한답시고 이리 쿵~ 저리 쿵~
그나마 왼손 성할 때는 서로 위로했건만
왼손마저 서너 달 병원 진단 받으니,

이 아침
김칫국 생각나 김치 자르는 것도
제 혼자선 여간 벅차질 않다

오늘따라
주인 잘못 만난 오른손한테
무척이나 미안하다

미안하다 / 34×51cm, 소나무 / 2009

되돌아보니

되돌아보니,
나이 들면서 자꾸 생기는 것
아니, 차곡차곡 쌓이는 듯 한 것
마치 맑은 핏속에
콜레스테롤 같이 끈적거림 같은 것들이랄까

– 고집 (그것도 확신에 찬,
　그래서 가장 골치 아픈 사람이
　무식하면서도 소신 가진 사람이라나)

– 타성 (그렇게 원해 놓고 언제 그랬냐 듯
　또 다른데 눈 돌리는,
　게다가 당연하듯 도를 넘어선 그 밋밋함)

– 밴댕이 속
　(나이 들수록 넉넉하고 여유롭기는커녕
　더 잘 토라지고
　서운한 건 왜 이렇게 많은지)

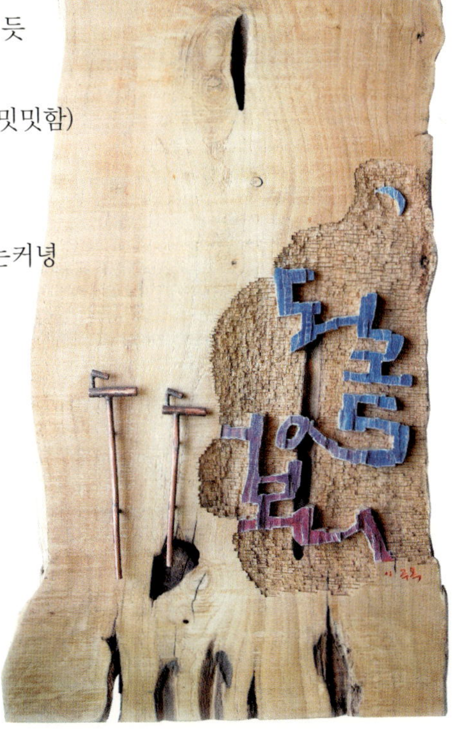

되돌아보니 / 40 × 80cm, 밤나무 · 동파이프 / 2008

적迹 -그 발자취를 따라

툭~ 벗겨보니
껍질 속에서 우르르 열댓 마리가 쏟아 나온다
1cm 남짓 야구방망이 모양의 애벌레다
주름 진 모양을 보니
애들도 꽤나 고생한 모양이다

하긴 단단하기론 두 번째 가라면
서러워 할 느티나무와
일평생 싸웠으니 그럴 만도 하지 않으랴
파낸 흔적 사이로 밀가루보다
더 부드러운 게 날린다.
이 애들 속에 뭔 정밀기계가 있나 싶어
쿡~ 눌러보니 할아버지 손마디처럼 땡땡하다
움찔거리는 게 영 못마땅한,
귀찮은 듯하지만
그리 놀라지 않은 무덤덤한 표정이다

그 발자취를 따라 가보니
노자 말씀이 여기 숨어 있다
유약승강강柔弱勝剛强
– 부드럽고 약한 것이 굳세고 강한 것을 이긴다

迹–그 발자취를 따라 / 40 × 21cm, 느티나무 · 동파이프 / 2009

쌀을 씻다보니

문득
쌀을 씻다보니
별별 생각이 다 든다

입 안으로 들어오기까지
정말 운이 없는 놈은 어떤 놈인지 말이다
하필이면 운 없는 놈이랴

볍씨 때부터 방앗간까지의 하세월은
제껴 두고라도

팍팍 씻다가 바가지 밖으로 튕기는 놈
헹구다가 수챗구멍으로 도망가는 놈
밥솥 사이에 끼어 나오지 못하는 놈
밥 푸다 주걱에 붙어 이러지도 저러지도 못하는 놈
한 술 떠는데 그만 입까지 못가고 떨어지는 놈
행여나 입에 들어갈까 노심초사하다 그릇에 끝까지 붙어있는 놈

아니지 아니야
입속까지 무사히 들어가서 휴~ 안심했는데
재채기로 나온 놈일테야

그러게
세상사는 게 그리 호락하더냐
쌀(米)이 그냥 쌀이던가
팔십 여덟 번의 수고로움 끝에
위 속까지 겨우 간다는 것을

쌀을 씻다보니 / 40 × 54cm, 느티나무 · 동파이프 / 2009

동행 / 60 × 28cm, 느티나무 · 동파이프 / 2009

동행

동행□

그 말부터가 그냥 좋아
붓도 들고
새기기도 하고
용접까지 해보니
역시나 참 좋다, 는 생각뿐이다

오늘 저녁엔
진짜
내일 내일 하다가
어느새 품 떠날 준비하듯
훌쩍 커버린 아이들과
시장 한 바퀴 돌아볼까나
손 꼬옥 잡고서

비움

병원에 입원해보니
내 몸의 주인이 내가 아닌 것 같다
링거병 다는 순간부터 바로 이놈이 주인이랄까
선천적 방랑벽도 이 놈 앞에선 그저 열중 쉬어! 다
그 와중에 움직일 수 있는 공간을 생각해보니 반경 50m 정도 될까나
그래도 생각만큼 답답하지 않은 게 그나마 다행이다

하긴 황대권의 '야생초 편지'에도 나왔듯이
독방감옥에서도 있는 건 다 있었다질 않는가
출옥 후 넓은 세상이 오히려 적응되지 않았다는 것처럼,
아무리 독방이라도 마음먹기에 따라 세상이 다 그 속에 있을진대

그런 반경 50m의 링거병속으로 세상을 바라보니

- 화장실
 (그것도 자주 가면 힘드니까 한꺼번에…)
- 병실 옆 라운지
 (그나마 숨통 트이는 곳이다.
 맑은 공기, 푸른 나뭇잎이 손닿을 거리지만 스트레스 받은 사람들의 연신
 담배 연기, 가끔이지만 문병 온 중고생의 괴성들…)

비움 / 78 × 30cm, 느티나무 · 동파이프 / 2009

- 응급실
  (나 자신의 심각함과는 정반대인 무표정한 얼굴들,
  최소한 주사 놓을 땐 측은지심이라도 표시나면 얼마나 좋을꼬,마는)
- 침대
  (조금이라도 몸을 비틀려면 바늘방석이란 말이 이를 두고 하는 말이겠지)
- 병원입구 앞마당
  (드디어 밖이구나. 링거 걸이대 바퀴가 걸려 이리 뒤뚱 저리 뒤뚱
  속칭 나이롱(?)환자들 놀이터, 수많은 임상 경험담
  가끔 깔깔 웃음에 여기가 과연 병원인지?)

그래도 낯익은 풍경인 병실이 최고다.
가볍게 읽을 책부터 조금 무거운(?) 책까지 억지로라도 읽으니
미처 생각지 못한 감동이 인다
서너 평 병실에서 만난 세상이
요 며칠사이 헝클어진 머릿속에 자리를 잡아가는 듯하다
마치 한옥의 좁은 공간이 비움의 미학을 창조하듯 말이다

화기和氣 - 그 좋은 기운으로

어느새 5년째다.
종이(?) 한 장으로 뒤돌아 볼 겨를도 없이
옮겨야 하는 게 교직이라지만
그간 참 고마움을 준 봉림중학교다

내 지금까지
석양의 아름다움을 이리 많이 선물 받은 적도
마치 내 것인양 원 없이 누빈 옥상의 정겨움도
한 뼘 거리로 다가온 사계절의 아름다움도
맘껏 달 보면서 사색에 잠긴 그 시간도
그래도
누군간 꽃보다 사람이라질 않던가

亞林 亞銀 亞汀 亞民 亞松 亞嵐
雅銀 月林 木下 平林 香林 惠林
愛林 美林 素銀 月泉 雪川 月松
……
그리고 木川 회장님이 아니고선
어찌 이 인연 쭈~욱 이어질 수 있었으랴

和氣- 그 좋은 기운으로 만남을 자축해본다
모두가 고마운 사람들이다

和氣- 그 좋은 기운으로 / 57.5 × 26cm, 느티나무 · 동파이프 / 2009

영원한

살아 있는 나무만 살아 있는 건 아니다

더 영원한 나무는
만져지고
부대끼고
짓밟혀서
그리하여 윤기 반지르르한
늘 상 웃음소리 가까이서 들을 수 있는
외롭지 않은 나무다

비록 제 몸 온기는 사라진지 오랠지라도

영원한 / 72.5 × 30cm, 느티나무 / 2009

하심下心 I

지나는 길
백화점 외벽에 여름정기세일 현수막이
길게 늘어져있다
1년 내내 하는 게 아니었던가?
여름정기세일이라니 그렇다면 기껏 사계절
4번의 정기세일일 텐데
왜 그렇게 항상 하는 것처럼 느껴지는지…

펼치는 신문 속에도 광고물들이 가득,
역시 최저의 가격으로 모신다는 눈물어린 내용이다
세상은 온통 세일인가보다
격은 높이고 가격은 내린다는 문구가
눈에 들어오는 순간,
우리의 마음도 이런 세일이 필요하지
않을까싶은 엉뚱한 상상

스스로 낮추는 하심!
더 가질게 많은 나의 욕심을 내려주고
남을 배려하고 진정으로 대하는 마음
그래서
세상 모든 것에 감사할 줄 아는 마음을
나만의 정기세일을 만들어본다
작은 미물에게도 배울게 있다고 했던가?
소음 같은 광고 속에서도 이런 배움을 또 얻게 되다니
둘러보면 모든 것이 나의 스승
이것 또한 진정한 下心이리라

下心 I / 33 × 101cm, 느티나무 / 2008

만나러 가는 길에

그러고 보니
나와도 인연이 통 없지는 않은 것 같다
2003년 초였던가
비록 가물가물하지만 '희망티켓' 생각이 난다
그 땐 진짜 그 분이 좋다기보단
그 형이 좋아서 샀던 것 같다

그럭저럭 세월은 흘렀고
그 분의 영향력은 내겐 미미했다
무심한 성격 탓일까
아님 민감치 않은 직업병이랄까
그런데 오늘에서야 가슴 저리게 기억남은 어인일일까
또 한 박자가 늦다

아마도 당선 직후 감사 인사인 것 같다
노란 물결사이로
“오늘 여러분과 함께하니 참 기분이 좋습니다.”
특유의 겸연쩍은 웃음과 함께 말이다
아마도 권력을 쥐었다는 기쁨보다는
그 순간
지지자들의 환한 웃음에 감격한 소회였으리라
투박스러운 만큼 솔직함이 묻어 나온 게 너무 좋았다

그래서 사람이라는 걸까
있을 땐 그렇게 눈길한 번 제대로 안 줬는데 말이다
하필이면 돌아가시는 날 가족 회식이 잡힐 줄이야
먹는 둥 마는 둥…
오는 길 공원에 들러 장미향을 맡아도
가슴이 자꾸 아려온다
노사모도, 그렇다고 안티도 아닌
그저 이웃집 아저씨 기억 정돈데 말이다
앞으로 그분을 기억으로만 볼 수 있다는 게
그저 가슴 먹먹할 뿐이다

이때 아니면 진짜 후회할 것 같아
무작정 옷을 챙겨 입으니
아이들도 어리둥절한 눈치다
늦은 밤 그 분 만나러 가는 그 길은
바람조차도 쓸쓸했다
예상은 했지만 예상대로다
몇 바퀴 돈 후에야 겨우 공간 발견하고
차를 세웠다

어두컴컴한 그 길을 촛불 따라 한 시간여 걷고
또 두어 시간 기다린 후
그의 영정 앞에 서니 가슴이 아려온다
이미 말이 없으신 그 분은
더 많은 말씀을 하고 계셨다

하필이면 그 분 만나러 가는 길에
내내 그 형이 생각났다
버튼 몇 번 눌러
형의 목소리를 오랜만에 들을 수 있었다
늘 그 분을 닮아서인지 형은 앞서 있었다
더 먼 거리지만 양산을 거쳐
봉하 마을을 좀 전에 다녀갔단다

"형, 아무리 생각해도
난 윤리적인 사람은 힘들 것 같고,
우리 앞으론 그 분 닮은 인간적인 모습 어때?"

너무 너무 슬펐다는 형의 답신을 보니
그 분은 아마 영원히
우리 작은 가슴속에 머물 것만 같다

'형, 우리 조만간
그분의 작은 비석 만나러 가자
소주 한 병 사들고 말이야'

만나러 가는 길에 / 79 × 19cm, 느티나무 · 동파이프 / 2009

멀리

어느 순간부터
가까이 있는 물체가 잘 보이질 않는다
병원 찾으니 대뜸 노안老眼이란다
그럴리가, 눈 똥그랗게 치켜드니
어이없는지 더는 말이 없다

하긴
그간 참 많이도 본 거 같다
꼬물꼬물 물 논의 올챙이부터
한여름 훌러덩
울 할매 쳐진 가슴까지

그래
이제 이런 건 그만 보란 갑다.
쩨쩨한 것
속 좁은 것
필요 없는 작은 것들
·
·
·
멀리
큰 것
속 시원한 것들만

멀리 / 78.5 × 30cm, 느티나무 · 동파이프 / 2009

혼자 가는 길

십여 년 쯤 전일거야
내 나이 한 마흔 쯤 됐을라나
아랫동네 사는 할머니의 순간 실수에 난데없는 불
그 길로 형제부터 친구들까지 잃고 나서야
겨우 한 숨 쉬었다 싶었는데
이상한 사람들 들어 닥치더군

와~ 탄성소리 들리는가 싶더니만
다짜고짜 잘 사귀어 보자는 거야
뭐라더라. 말로는 잠시 위치이동 한다든가
웬걸, 무식하면 용감하다더니
톱에다 곡괭이 동원하여 팔다리 꺾더니 쑥 뽑더라구
거기까진 좋다 이거야
늦은 밤까지 들다 힘들면 질질 끌고… 또 끌고
그리 멀리 않는 땅이건만 이렇게 낯설 줄이야

참 많이도 물 주더구만
밤낮으로 안부 엄청나게 묻고
정작 필요한 건 그게 아닌데
한마디로, 나는 아랑곳없고 자기 방식대로랄까
그래, 그건 아니잖아
나 역시 얼마나 살고 싶었겠어?
차라리 그 옛날 화마에 휩쓸린 친구들이 부럽더라고
최소한 그 땐 외롭진 않았을 거잖아

하긴, 이제와 생각한들 다 부질없는 짓이지
어차피 혼자 가는 길
어떤들 외롭긴 마찬가지 아니겠어?
소나무든, 사람들이든

혼자가는 길 / 28 × 53m 17cm, 자연석 / 2011

생각해보니

또 쓸데없는 짓
열중하다 일어서려는데
갑자기 엉거주춤
다리가 저려 꼼짝도 못하고,
훌러덩
그 자리에 누워 천정 쳐다보니
새삼스레 피의 소중함이 퍼뜩 든다
피가 안통해서~, 라는 말 말이다
가만 생각해보니
내가 할 수 있는 게 별 없다
피 몇 방울 잠시 안돌았다고 이러니
다른 것이야 오죽하랴

생각해보니 / 66 × 33cm, 느티나무 · 동파이프 / 2009

시월 그 어느 날이면

문득
시월 그 어느 날이면
가슴 휑하니 뚫린
바람이 분다

그 바람결에
잠시 하늘을 보니
저 멀리
북두칠성처럼

그리 그리 기억되겠지
오래도록
(……)

시월 그 어느 날이면 / 46.5 × 31.5cm, 느티나무 · 동파이프 / 2009

또 날자꾸나

그 곳엔,
가시 그득한 아카시아 한 아름
달집태운 청솔가지 연기 한 가득
그리고
젊은 날 가슴 아픈 정열 한 뼘
……
그래,
또 날자꾸나

또 날자꾸나 / 73 × 32cm, 박달나무 · 동파이프 / 2010

흔적

기억 속 흔적을 더듬다 보니
그 해 여름
……
고마움 안 잊으려 애쓰지만
결국,

삶이 말해줄 뿐

흔적 / 73 × 26cm, 느티나무 · 동파이프 / 2010

그 마음도

뭔가 떠오르긴 하는데
막상 펜을 들면 한 줄도 못 채우고
다시 시작하기를 열 두어 번

비 온 뒤 눈부신 초록의 산위로
몽실몽실 피어오른 뭉게구름을 보니
그 황홀함과는 달리
내 실상實相의 갑갑함이 어딘가 묻어나온다

그래, 이게 내 모습이다
한 줄 글도
한 줄 각刻도
결코 습관이나 완력腕力만으로는
힘들다는 것 말이다

그 마음도 / 25 × 63.5cm, 느티나무 / 2008

되돌아보니 또 욕심이 앞을 가렸다
얼마든지 사양할 수도 있건만
"Seoul"이라는 유혹의 달콤함에 그만……

그 모습이 안돼 보였는지 친구가 한마디를 건넨다
"그래, 지금 이 순간도, 그 마음도 네 삶이잖아
그냥 보여 주는 거지 뭐"

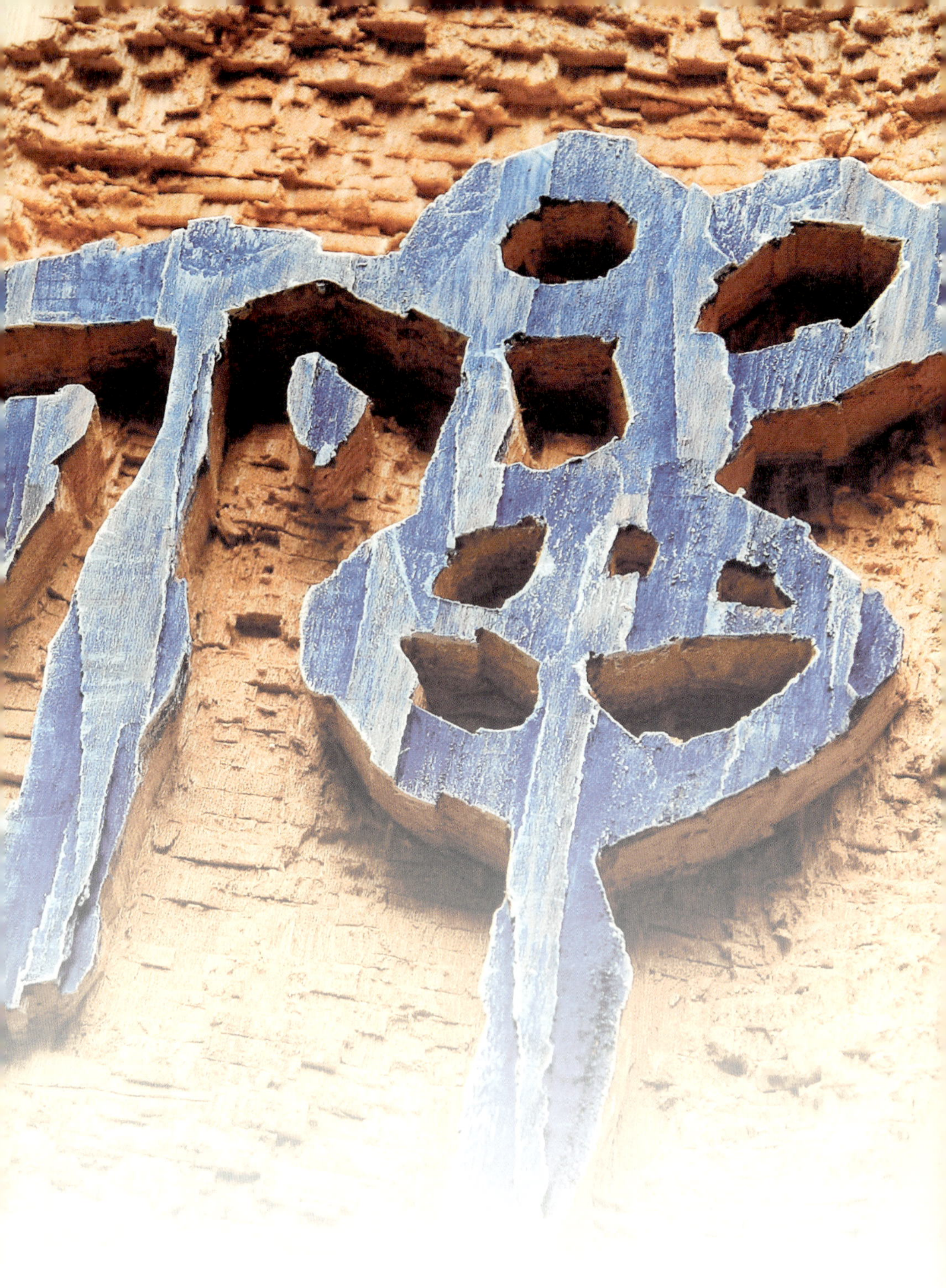

세상 일 다 벗어놓고

토론식 수업을 한 지가 벌써 십 수년째다.
그기에 익숙치 못한 아이들 불만도 만만찮지만
그래도 그들이 주도하는 수업이라 꽤나 신이 난 모양이다.
하긴 나 혼자만의 수업이면 거기서 거기겠지만
수 십 명의 아이디어가 결집된 수업이다 보니
내가 배우는 게 오히려 적잖다.
가르치면서 배운다는 말이 이를 두고 한 말이겠지.
그래서 더 행복하다.

마침 수업내용이 '김삿갓' 이다.
할아버지 김익순 때문에 축복받은 그의 어린시절,
결국 할아버지로 인해 패가망신 당하고 방랑 생활을 하는 것 보면
좋은 게 다 좋은 건 아닌가 보다.

이유야 어쨌든 일생동안 가족들 팽개치고 방랑길을 떠돌아다닌
그의 이야기를 나누다보니 아이들 의견도 만만찮다.

"결혼에다 자녀까지 있으면서 가장으로서 너무 무책임한 거 아닌가요?"
"그런 남편이라면 당장 이혼이죠."

하긴 삶을 좀 살은 내가 생각해도
선뜻 공감하기 어려운데 신세대 아이들이야 오죽하랴.
하나, 얼마나 괴로웠으면 푸른 하늘을
올려다보기 민망하여 평생 삿갓을 쓰면서 지냈겠는가.

애써 양심을 지키고
그것을 실행으로 옮긴다는 것…
분명 관념이 아닌 현실일텐데 말이다.
문득 초연히 세상 일 다 벗어놓고
행동하는 양심을 보니 갑자기 그가 그리워짐은 어인일일까.

세상 일 다 벗어놓고 / 55 × 36cm, 느티나무 / 2007

그리고 인연

시간이 지나야 알 수 있는 것들

오늘
사랑
감사
그리고 인연

지금은 너무 바빠서
너무 풍족해서
모르고 사는 것들

그리고 인연 / 69 × 27.5cm, 느티나무 / 2008

아름다운 동행으로

시끌벅적하기에 뭔 일이 있나 싶어 다가가니 봉사활동 이야기다.
옆의 장애인복지관보다 조금 수월한(?)
노인요양병원을 고집하는 아이보고 옆 친구가 야단이다.
"그게, 뭐 진정한 봉사활동이야? 점수 따기 위한 거지. 안 그래?"
"그래서, 그게 뭐 어때서?"
아이들끼리 주고받는 대화가 제법 진지하다 못해
자칫하다간 싸움까지 할 태세다.
"그래 맞다. 말 그대로 대가를 바라지 않는 게
봉사활동이지. 그리고 자발적이면 더 좋겠고…"
논쟁을 말려야겠다 싶어 한마디 더 거들었다.
"그런데 말이지, 난 이 모든 걸 무시하고서라도
그 자체만으로 얼마나 훌륭하니?
뭐 어때? 자발적이면 좋겠지만 점수 때문에 하는 것도 나쁠 것 같지 않은데?"
아이들의 태도도 이젠 사뭇 진지하다.

"억지로라도 하다보면 어느새 뜻하지 않는 감동이,
또한 그 감동이 익숙함으로 자연스럽게 몸에 배어지겠지
아름다운 중독 말이다.
그러다보면 나중에 진짜 모두가 행복한 아름다운 동행으로
나아가지 않겠어?
모두가 더불어 사는 행복한 세상 말이야. 안 그래?"

아름다운 동행으로 / 60 × 27.5cm, 느티나무 / 2007

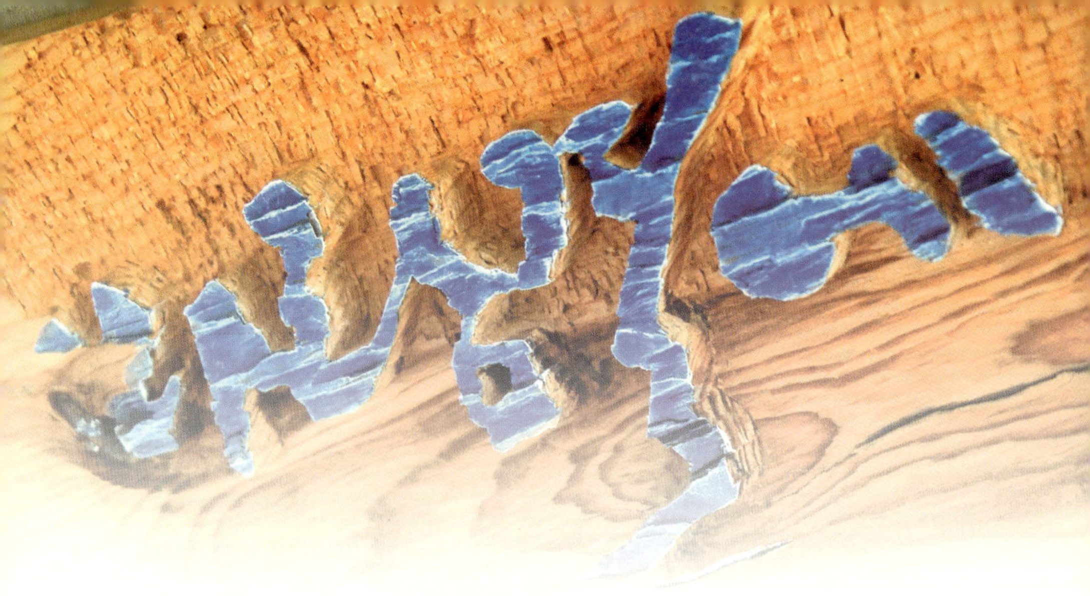

바람결에

어찌 늘 맑을 수야 있겄나
맑음도 스치듯 지나야 더 그립듯
그렇게 많은 경험도, 학습도
회귀 본능 앞에서는 어쩔 수 없나벼
그렁께 더 아버지가 그리운지도 몰러

그렇지 아니한가
그 을매나 억울하냐 말이여
그렇게 실컷 키워 놨더니만
맨 날 잘된다면
다 지 잘난 탓으로 돌릴꺼고
어디 자식 덕 볼려고 한 건 아니지만
그래도 한 번씩은 되돌아봐야 되지 않겄냐 말이여

이 아침
시원한 바람이 예사롭질 않어
그냥 가슴 깊은 곳까지 파고드는 게
산새 지저귀는 평온한
이젠 아버지의 집이 되어버린
'뽈땅' 이 참 그립네 그려
그 곳도
이곳처럼
참 시원한 바람이 불겄제

바람결에
모처럼 아들의 가난해진 마음을
실어 보내고 싶은디
아마 그것도 다 알것제 그려

바람결에 / 52.5 × 27.5cm, 소나무 / 2008

궁금한가 봅니다.

소낙비 소리가

때 이른
소낙비 소리가 마치 기다린 양
울컥 반갑기 그지없는 걸 보니
여전히 가슴은
아직도
먼지 폴폴~ 날리는 봄 가뭄 마냥
갈급한가 봅니다

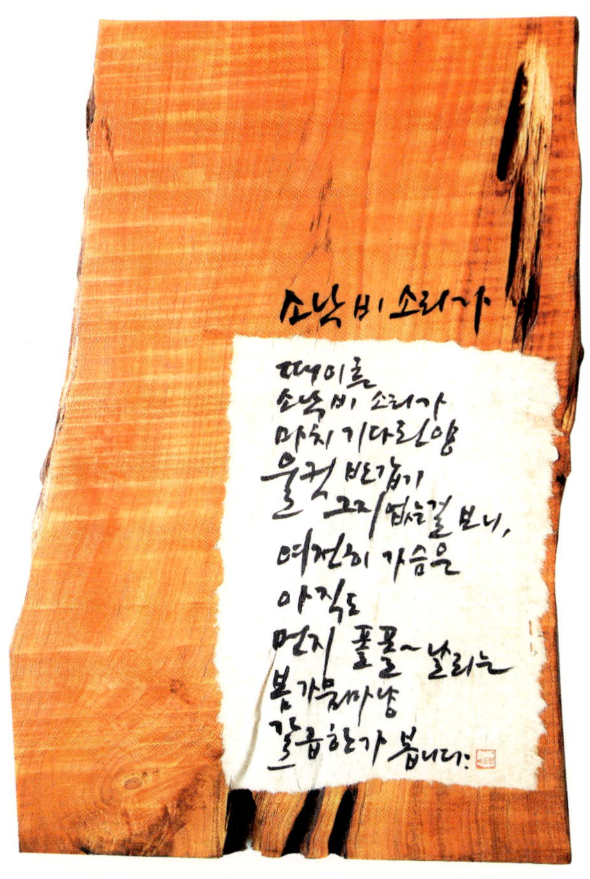

소낙비 소리가 / 70 × 43cm, 밤나무 / 2008

긍정의 힘

지금처럼 시원한 바람이 불던 때이던가
인도의 보드가야엔
망명객 티벳인들의 주황색이
물결처럼 흩날리고 있었다

오체투지,
온 몸으로 전심전력을 다해 절하는 그들의 모습엔
그렇게 비 오듯 땀으로 젖었지만
언제 그랬냐 듯 해맑은 웃음과 함께
보리수 나뭇잎을 줍는 그들 속엔
참으로 많은 것을 가진 듯했다
그들의 속담처럼 말이다

"해결 될 문제라면 걱정할 필요 없고,
해결안 될 문제라면 걱정해도 소용없다"

그래, 이게 긍정의 힘 아니던가

긍정의 힘 / 35 × 120cm, 느티나무/ 2008

언약

어느 순간
생소한 것에 대한 두려움보단
설레임이 자리 잡기 시작한 건
늘 상 어머니가 그러하셨 듯

'다 잘 될 거야'

어느새 나와의
언약이 되어버린 말

언약 / 27.5 × 61cm, 기와 / 2007

바람과의 동행

바람이 분다
바람이 일으키는 흔들림을 느끼면서 바람을 본다
현실로부터 나를 아득히 떼어놓는 바람

모르는 척
무심한척 빠르게 지나가버리기도 하지만
낯익은 냄새로
한결같은 편안함으로
나를 깨우고, 나를 재운다

함께 떠나지 않아도 느끼는 바람과의 동행
아,
자유로운 영혼처럼 아늑한 그 평화로움

바람과의 동행 / 81 × 28cm, 느티나무 / 2008

약

열도 나고
축 처지고
의욕도 없고
… 영락없는 몸살이다

백수白手가 죽었는데
사인死因이 과로사라더니만
내가 바로 그 짝이다
할 일은 태산 같은데,

몸이 마음을 이기는 순간이다

그래서 몸살은
역시나 몸을 살리는 약인지도 모르겠다

약 / 50 × 35 × 12cm, 자연석 / 2011

힘껏 애써

자기가
힘껏 애써
알을 깨면 병아리가 되고

남이 가볍게
툭~
깨트린다면
계란프라이가 된다는데

힘껏 애써 / 45 × 85cm, 흑목 / 2010

편안함으로

길만 믿고 한참이나 나아갔다
길이 있으니 뭔가 있겠지 하는 마음으로.
한 10여분쯤 갔을까
텃밭이 나오고 허름한 창고
그리고 밭을 매는 노인

차를 세워 문을 여니
기다린 듯한 바람이 나를 흔들고 지나간다
아~ 정말 기분 좋은 바람
초록의 나무들은 바람이 이끄는 대로 흔들리고
그 틈사이로 꽃들은 제각기 피어있고
그 한가운데 '삶' 이라는 것을 묵묵히 보여주는
할아버지의 모습을 보니,
그 애잔함마저 평화가 그려진다

조용히 눈을 감으니 정말 편안하다
현실의 삶을 뚝~ 떼어놓고 온전히 혼자인 시간
그 잠깐이나마 나를 끝없이
편안함으로 이끈다

편안함으로 / 28 × 60.5cm, 느티나무 / 2008

미친듯이

불광불급不狂不及
–미치지 않으면 미치지 않는다

누구에게나
공평하게 주어진 인생
어차피 바람처럼 흔적 없이
지나가는 거라면
미친 듯이
미친 듯이
진짜 미친 듯이
살다 가는 거지 뭐

미친듯이 / 41 × 63.5cm, 밤나무 / 2009

참 행복한

봄비답지 않게 세찬 바람에 이끌려
유리창에 부딪히는 모습이 예사롭지가 않다
누구의 '비는 다 좋아' 처럼 어느새 비 매니아가 되었지만
왠지 마음 한 켠에 자리 잡은 강한 충격
인간극장의 주인공 '김길수' 씨가 새삼 걱정이다
잘 나가던 교직 때려치우고
목수일로 게다가 지리산 골짜기로 피난(?)
하긴 본인이야 좋아서 하는 일이니 누가 뭐라겠냐만
그 사람만 바라본 가족들은…
그의 장모님 얼굴 앵글에 잡힌 적 없었지만
수심 그득한 모습, 상상만 해도 상상이 그려진다

아니, 그게 다가 아니라꼬?
다시 돌아보니 냉장고도, 세탁기도, TV…
예전엔 그리 소중해 보이지 않더니만
막상 남 주거나 버린다 생각하니
더 애틋한 정이 새록새록
영문 모르는 아이 셋은 모든 게 신기하지만
그의 아내는 가슴이 타는 듯하다

2□3평 남짓 버스가
온 가족이 머물 보금자리라나
그래도 끝까지 얼굴의 화장만은 포기 못한다는
그녀의 말이 마지막 남편에 대한
소박한 자존심의 흔적이리다

그런데 이 새벽 남의 가정사가 머리에 꽉 참은 웬 참견?
맑은 날이야 어디든 다 가련만
이처럼 비오는 날… 또 어디에서 밤을 지샐꼬?
온 산의 땔감은 젖어 있을 테고
아이들의 놀이터는 흔적 없이 사라지고
그 비좁은 버스 안에서 또 갑갑해하면…
그 눅눅함은 낭만이 아니라 현실일 텐데 말이다
아니지, 이젠 몇 개월 되었으니
이 생활 또한 어느 정도 익숙(?)도 하겠지
그래도 오늘따라 비가오질 않는가?
게다가 세찬 바람은 또 어떡하고

암튼 한번 연락한일도
얼굴 한 번 맞댄 적 없지만
이 순간 걱정이 내 머릿속 가득이다
아니지, 걱정이 아니라 걱정의 또 다른 이름
부러움일수도 있겠지
그래도 걱정이 된다
그래, 내 부질없는 걱정이 김씨 앞날에 조금이나마
위로가 될 것 같은 생각이 된다 생각하니
김씨 당신은 참 행복한 사람이야

참 행복한 / 70 × 38.5cm, 옛마루판 / 2008

이 순간

마음이 어수선하다
이것저것 어느 하나 확실한 것 없는 그 혼란스러움에 대해
뭔가 답을 알고 있을 것 같은 겨울 산으로 간다
듬성듬성 앙상한 가지 사이로 차가운 바람이 휑하니 분다
꼭 지금의 나를 닮은 듯 말이다

지난 봄 온통 세상을 황홀하게 했던 꽃들도
눈이 시리다 못해 초록천지인 여름날의 싱그러움도
스치기만 해도 물들 것 같은 가을날의 단풍들도 언제 그랬냐 듯
그저 태고의 나목裸木 그대로를 고스란히 간직한 겨울 숲에
한 참 동안이나 시선이 간다

하긴 겨울이 없었다면 이 세상이 어이 평등하다 할까나
고른 햇살 사이로 여름철 숨었던 초록의 난쟁이 풀들도
긴 시간의 갈급함이 그대로 묻어난 듯

이 순간 / 200 × 36cm, 소나무 · 동파이프 / 2010

고개를 쭉 내밀고 있는 모습이 정겹다 못해 눈물겹다
찬바람 부는 사이로 조용히 손 내미니 얼음장 같이 차다
그 와중에 다른 쪽에선 꽃망울이 눈에 들어온다
겉으로 보이는 무표정한 겨울 빛이 전부는 아닌갑다
마치 물속의 오리발 분주한 것처럼

잎이 나고 꽃이 피어, 열매 맺어 행복한 것이 아니라
이 순간 따스한 햇살만으로 전부를 가진 듯한
그래서 매번 왔다가 시끄럽게 울다가는 새에게도
자꾸 반복되는 나의 칭얼거림에도
같은 무게의 무심함을 보여주는가 보다

푸르고 푸르다 못해 시린 하늘을 보니
한 무리 까마귀 떼가 먹줄 긋듯 진하게 날아간다
고집스런 나 자신을 바라보면서 말이다

'해결하고 나면 부풀리고 과장된
온통 내 힘이 전부를 차지하는 내 언어들 속에
그 과정은 또 얼마나 소란스럽고 어수선했는지
마치 낼 죽을 것 같이 쥐어짜는 그 소갈머리는 또 어떻고
그래놓고서 또 해결되면 마치 내 힘의 원천인양
늘어놓은 그 무용담武勇談'

시간 지나면 언제 그랬냐 듯 또 다시 발 동동 구르겠지만
이 순간 힘든 나 자신을 알아차린 것, 만으로도 위로해 본다
귓볼 시린 사이로
고려 말 나옹 선사의 싯귀가 하필이면 왜 이때 맴도는지

산들바람

날씨 무척 더운 날이건만
한줄기 냉기안고 빼꼼 내민 노랑나비를 보니
여간 반갑질 않다
살랑 살랑 날개 짓하는 여유 속으로
하늘 보니 문득 장자莊子의 신비함이 찾아온다

매미소리 지금처럼 멀찍이 들릴 때쯤이겠지
돗자리도 깔았을 테고
대청마루로 산들바람은 살랑거리고
모처럼 점심 맛나게 먹었는데 그 후유증이랄까
스르르~

나비가 되어보니 온 세상이 다 날개 아래다.

산들바람 / 72.5 × 20cm, 소나무 / 2009

한껏 가벼운 몸짓으로 마음껏, 호젓이
세상구경하다 보니 온통 다 가진 듯
이게 바로 천국이 아니고 무엇이랴, 하는 순간
참새란 놈 입 속으로 후르륵
빨려 들어감과 동시에 번쩍!!!

참으로 꿈이기 망정이지
휴~ 생각만 해도 아찔하다
그래, 나 장자가 나비 꿈을 꾼건지
아님, 원래 내 존재는 나비일진대
꿈속에서 지금껏 수 십 년째 사람이 되어 노니는지

그러고 보니 참 많이도 가졌네
꿈 깨면 다 원래대론데

넉넉한

모처럼 여유 있게 인터넷을 열어보니
눈에 확 띄는 기사가 몇 보인다

어느 신문 편집장의
'내가 받은 연하장 2통- 반기문'
모 신문에서 세계 지도자 가운데 가장 신뢰할 수 있는 인물 1위로
반 총장이 꼽혔다는 이야기와 함께
인간적인 측면에서 겸손하고 따뜻한 사람이라는 내용
그래서 '겸양' 은 동서고금을 통틀어
여전히 유효한 미덕이라는 말도 덧붙여 있다

또 하나는 가수 김장훈 이야기다
이번엔 독도지킴이 관련내용이다
누군가 댓글에,
'그 전엔 별로 안 좋아했는데 김장훈이 좋아지기 시작한다.' 는 말처럼
어느새 나도 그의 이야기만 나오면 참 가슴이 따뜻해진다

오랜만에 넉넉한
가슴 푸근한 기사를 접해보니
참~ 좋다

넉넉한 /34 × 50cm, 살구나무 / 2008

나무의 덕德

늘 그 자리를 지키고 있다
한결같은 마음으로
마을 사람인지
아님 저 자신인지 잘은 모르지만
뭔가를 지킨다는 느낌은
어릴 때부터 줄곧 해온 생각

오랜만에 고향집을 찾아 들른 나무의 그늘
오래된 흑백사진처럼 옛 기억들을 꺼내본다
많은 가족들이 어떻게 다 같이 살았는지
나조차 의심스러운 그 먼 기억들
뛰놀고, 혹은 굶기도 하고
그러면서 차곡차곡 진행되었던 내 삶들
낮은 숨소리 속에
나에 대한 부끄럼도, 대견함도 함께 그려진다

아, 나무는
그 품속에 들어가면
각양각색의 다양한 삶들을 떠올리게 하는 힘
나처럼 수많은 사람들이 그 추억을 떠올리겠지
그리고
과거 삶의 질이 어찌되었든 다 행복해하리
지나간 것은 다 평안한 것처럼

행복을 주는 나무
다시 힘을 얻게 해주는 나무
바로 나무의 덕德이 아닐는지

나무의 德 /54 × 31cm, 느티나무 / 2008

가을바람

자식이란 게
젖을 떼면 다 되는 줄 알았다
새끼라는 게 제 발로 걸어
집을 나가면 다 되는 줄 알았다
시도 때도 없이
–아버지 돈
그래서 돈만 부쳐주면 다 되는 줄 알았다
그런데 글쎄
어느 날 훌쩍 아내가 집을 나서며
–저기 미역국 끓여 놓았어요
–나 아들에게 갔다 오겠어요
나는 괜히 눈물이 났다
이제는 내 아내까지 넘보다니
–이 노무 자슥

'생각이 있는 시' 라기에 무심코 신문 쳐다보니
갑자기 눈 똥그래지고 덤으로 입가에 미소까지,
성선경의 시 「진경산수 2」 내용이다

그간 몇 번 굵적이다 팔자에도 없는 등단까지 했건만
늘 부담스럽고 어려운 게 시詩이던가
모처럼 맘에 드는 시 한편 마주하니
기분 참 좋다
마치 가을바람에 싱그러운 빨래 향 풍기듯이

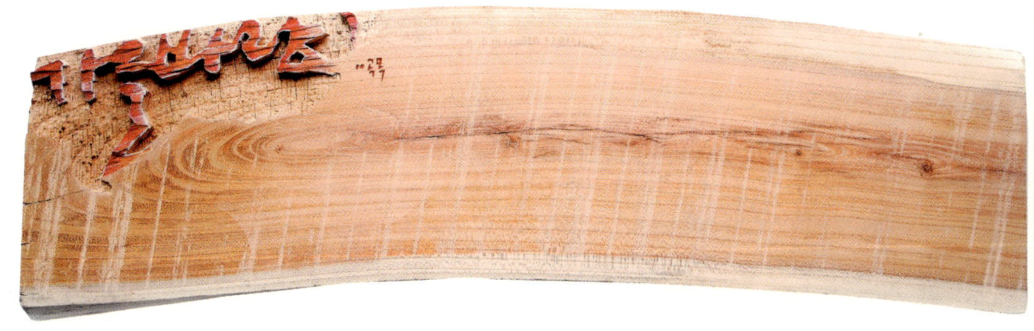

가을바람 / 72 × 23cm, 느티나무 / 2010

오직

그건
차라리 내침이리라
보란 듯이

마치 육중한 운석의 중력처럼 철퍼덕~

한쪽은 미련 없이 홀가분
다른 한쪽은 미련 그 자체도
사치란 듯 오직 침묵뿐

그건
차라리 축제이리라
보란 듯이

된서리 맞은 노오란 은행잎의 쏟아지는 귀향

오직 / 42 × 43cm, 느티나무 · 바구니 / 2009

맨몸으로

혹시나 싶었는데 역시나다

"골절입니다. 근데 좀 심각한 분쇄골절입니다."
"예???"
"바로 수술을 해야겠는데요. 생각보다…"

수술도, 입원도… 더 막막한 것은
최소한 회복기간이 물리치료까지 서너 달은 걸린단다
자꾸 누군가 보낸 메시지가 되뇌어진다
'어떤 생각이 그곳에 머물면 실행에 옮겨야 되는 건 일종의 병인가 봄'
버럭~ 아니라고 손사래를 치고 싶지만
하긴, 뭐 병이 한 두 가지랴
어쩜 더 심각한 병인지도…
그것의 나중결과는 무시하고라도 말이다

그런데
예약해 놓고 그 날짜가 과연 오기나 할까
늘 남의 일이거니 생각한 게 다름 아닌
나 자신이라니,

그러기를 어느 듯 몽롱하게 한달 여 지나갔다

역시나 세월은 정직하기만 하다
약속한 날짜는 다가오고
몸과 마음은 여전히 따로 놀기만 하고
이번엔 진짜
있는 그대로의 모습밖에 보여줄게 없는가 보다
맨몸
맨몸으로 말이다

맨몸으로 / 108 × 30cm, 느티나무 · 동파이프 / 2009

새날

살을 에는 바람, 뼈 속까지 스며드는 냉기마저 아랑곳 않는
봉림산 새들처럼
거친 풍랑, 가물거리는 기억 더듬으며 기어코 본향 찾는
태화강 60cm 연어처럼
새벽녘, 짙은 어둠속에서도 한 줌 따스한 햇살 포기치 않는
비음산 겨울나무처럼

모두들 어렵다, 힘들다 하지만
우리 삶의 나이테에 오늘 같은 '위기' 아닌 날 또 있었던가

떠오르는 태양처럼 기쁨과 설렘으로
새해, 새날을 맞자
마치 아무 일도 없었던 것처럼, 환하게 웃으면서

새날 / 80.5 × 35cm, 느티나무 · 동파이프 / 2009

밤비소리

지금으로부터 39년 전이니 법정 스님이 39세 때였다
유서의 제목은 '미리 쓰는 유서'
거기서 스님은 자신의 장례식 풍경을 이렇게 그렸다
"장례식이나 제사 같은 것은 아예 소용없는 일
요즘은 중들이 세상 사람들보다 한 술 더 떠 거창한 장례를 치르고 있다
그토록 번거롭고 부질없는 검은 의식이 만약 내 이름으로 행해진다면
나를 위로하기는커녕 몹시 화나게 할 것이다."

최근 법정 스님은 마지막 유언을 남겼다
그건 39년 전 '미리 쓰는 유서'를 잊지 않은 유서였다
스님은 제자들에게 이렇게 신신당부했다
"내 장례식을 하지 마라. 관도 짜지 마라
평소 입던 무명옷을 입혀라
내가 살던 강원도 오두막에 대나무로 만든 평상이 있다
그 위에 내 몸을 올리고 다비해라
그리고 재는 평소 가꾸던 오두막 뜰 꽃밭에다 뿌려라"

밤비 소리 / 60 × 23cm, 소나무 · 동파이프 / 2010

지난해 여름,
강원도 오두막에서 병마와 싸우던 법정 스님은 이렇게 말했다
"때로는 한밤중 소나기가 잠든 숲을 깨우며
지나가는 소리에 나도 잠결에서 깬다
숲을 적시는 밤비 소리를 들어 본 적이 있는가?
그것은 한밤중 적막의 극치다!"

많은 이에게 들려준 그 '밤비소리' 는 이제 자연으로 돌아간다
산 넘고 물 건너 강원도 오두막의 꽃밭으로 말이다
덜렁 세상에 남은 것은
그 밤비 소리를 그리워하는 것은 메마른 우리들 가슴뿐이다

다 잘 될꺼야

가정방문 간다하니
'지금이 어느 시대냐? 듯
휘둥그레진 눈들 사이로
반장 부반장 앞세워 구석구석 찾아 나서니
발품 내디딜 때마다
잊혔던 가슴 저려온다

웬 향 내음?
내 코 한참이나 의심하지만
엄만 도망가고 아빠 일 나간 뒤
라면에다 김치 냄새 맞바꿀 요량인가
순식간에 염화미소拈華微笑 맞바꾸니
거저 고맙기만 하다

그래, 오늘은 이렇지만
내일은 잘 되겠지
정말 다 잘 될꺼야

다 잘 될꺼야 / 66 × 26 × 23cm, 편백나무 · 동파이프 / 2010

어머니의 품속같은

별스레 잘해 드리는 것도 없으면서
밑천 떨어지면 소재가 또 어머니다

경상도 남자에다
오리지널 B형의 그 불뚝(?) 성질
지난 태풍처럼 한바탕 하고는
미안해 또 뒷동산 오른다

"어무이, 그리 싸워도 아들 좋아요?"
"… 그럼, 좋고 말고"

물끄러미 쳐다보니
맘껏 품어주는 하늘처럼
어머니의 품속같은 자연이 한껏 안겨진다

어머니의 품속같은 / 65.5 × 19.5 × 19.5cm, 편백 · 주물 / 2010

오월

"그래도 한국의 시어머닌 부담스러워요."
"왜요?"
"한국 시어머니들 아들 좋아하잖아요. 아들 혹시나 못 낳으면…."
"요즘엔 안 그런데, 그걸 어떻게 알아요?"
"한국 드라마 너무 좋아해 거기서 많이 봤어요."
"예? 사실은 그게 아닌데. 그리고 또요?"
"매운 음식도 너무 싫어요."
"그건 할 수없네. 그래도 개운하잖아요. 하하하"

모처럼, 아니 생애 첫 2박3일간 지리산 종주란 걸 했다.
첫날, 화엄사 각황전을 둘러보고 귀한 점심 공양 후 노고단으로 향했다.
오월의 산이 주는 청정함이랄까.
어디 뭐 한 곳 나무랄 데 없는 최고의 전경이다.
줄기차게 이어지는 계곡엔 이루 말할 수 없는 상큼함이 쏟아진다.

저만치 20대 후반쯤 보이는 아가씨 둘이 내려온다.
사람홍수 속에서 사람을 본다는 것만으로도 부담이건만 무척이나 반갑다.
간단한 인사를 건네니 뭔가 수줍은 듯, 못들은 척 어색한 분위기다.
어디서 왔냐고 물으니, 일본에서 왔단다. 그러면 그렇지
마침 샘물도 있고 해서 잠시 쉴 겸 이런저런 이야기를 나누니
벌써 한국엔 20번째란다.
이번엔 용케 노동절이 겹쳐 친구랑 또 오게 되었단다.
동네 마실 가듯 말이다. 그러면서 한국이 너무 좋단다.
한국드라마를 보다보니 한국말도 배우고 주말엔 학원에도 가고….

참 고맙고 정겹기 그지없다.
그럼 이참에 한국으로 시집올 생각이 없냐, 고 물으니
그때서야 시집살이며, 아들 못 낳으면 구박받는다느니,
음식이 맵다느니 하면서 고개를 젓는다.
모두들 웃다보니 이념도 사상도 민족도 보이지 않았다.
거기엔 사람만 보였다.
그래서 사람만이 희망이다, 라고 했나보다.

오월 / 103.5 × 28cm, 느티나무 / 2010

다양한 잡초를 보니

작업실 옆에 마련한 조그마한 텃밭
구멍 뚫린 검정 비닐 속에 들깨 씨 심어보니
며칠도 되잖은데 그 속에선 엄청 전쟁이 일어났나보다
장맛비 속에
심지도 않은 바랭이며 엉겅퀴며
한바탕 난리친 거 보니 말이다

- 애는 심지도 않았는데 어디서 나왔지?
- 걔는 처음 보는 놈이잖아?
- 재는 또 어디서 이사 왔는데?

겨우 찾은 들깨 사이로
다양한 잡초를 보니 여러 생각이 스쳐 지나간다

- 재들도 처음엔 천대받지 않았겠지
- 자꾸 뽑히고 구박 받다보니 오기도 생겼을테고

- 세상에 믿을 건 나뿐이라는 독한 마음도 생겼으리라
- 아무리 더워도, 가물어도, 추워도 죽지 않는 훈련 엄청 했을테고…

그리고
이 험난한 세상에 홀로서기만이 살길이라는 것도
깨닫고 또 깨달았으리라

다양한 잡초를 보니 / 75 × 40cm, 느티나무 · 캔 / 2010

대 여섯 평 작업공간엔

비바람은 억수같이,
사방을 놀래키는 천둥 번개 속에서도

대 여섯 평 작업공간엔
천지도 모르는 평안만 가득하네

대 여섯 평 작업공간엔 / 49 × 15cm, 느티나무 / 2010

워낭소리

추석 한 번 잘 쇠려고
내다 판 이웃집네 송아지

며칠 지나 잊었음 직한데
이 새벽녘 차가움에도
어미 소의 애절한
그리움 잔뜩 묻은 울음소린 끊이질 않네
마치 워낭소리
에밀레종 되어 흩날린 것처럼

하긴 어디 며칠뿐이랴
평생 가슴에 묻고 사는 건
인간이랑 별반 뭘 다를까나

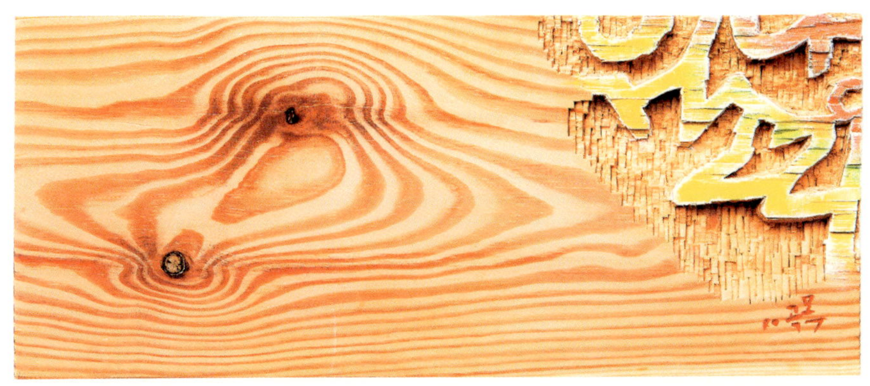

워낭소리 / 19 × 12.5cm, 소나무 / 2010

정이 되어

오랜만에 타보는 시내버스 안
자가용이 많아서인지 사람들이 예전처럼 많지는 않다
자리하나 차지하니 여유까지 생긴다
약속된 사람이 탈 것도 아닌데 차가 멈출 때마다
나도 모르게 자꾸 사람에게 가는 시선

지나치게 줄인 탓에 옷이 터질 것 같은 교복 입은 학생들
여자의 가방을 든 남자와 그의 젊은 연인
행선지를 확인하고 또 확인하건만
그래도 내색 않고 웃음으로 건네는
마음씨 좋아 보이는 기사아저씨…
참 훈훈해진다

20여분쯤 갔을까?
젊은 아가씨가 미니스커트를 입고
교통카드를 대고 있는데
앞자리 아주머니가 아주 큰 소리로 외친다
"깡통아~~~~~~~~~~!"

그 소리에 다들 아가씨 쪽으로 시선은 가고
아가씬 안절부절 못한 듯 벌겋게 달아오른
모습으로 아주머니에게로 와서 한소리 한다

"엄마는 깡통이 뭐야
 아이구… 창피해서 미치겠다"

아주머니는 아랑곳 않고 여전히 함박웃음이다

버스에서 갑자기 만나니 너무 반가워
저도 모르게 딸아이의 별명을 부른 것 같다
그 아가씨는 창피해서 거의 고개도 못 들었지만
그 광경을 보는 나의 흐뭇함이란…
어머니의 얼굴가득 진 주름사이 사이에
반가움은 묻어나오고
딸에 대한 사랑이 너무 넘쳐서인지
뒷자리에 앉은 나에게까지 정이 되어 되돌아온다

괜히 어머니 보고픈 버스나들이였다

정이 되어 / 24.5 × 63cm, 옛문 · 느티나무 / 2010

맨발서각 그리고 그대들은 떠나가고

동료 김운화 시인의
〈맨발서각〉을 보니 가슴이 아련하다

벚나무 신작로 일 번지
논두렁 위 하얀 별장에 도착했을 때
달려와서 그는 상처 난 고운 손을 내어 주었지만
그 뒤로는 줄곧 내 동그란 눈에
검은 슬리퍼 속의 맨발이 보였다

예쁜 파티의 그림을 그리며
예초기로 무성한 풀들을 자르고 차양을 세우고
새벽을 우는 닭을 잡아 옻 물 가마에 넣고
솔 갈비를 구해오고 햇살보다 더운 군불을 때고
매운 연기에 눈물을 훔치다가 작품들을 이리저리 걸어보고
윤기 반지르르하게 설명할 말을 외우고

어찌하면 사랑하는 사람들이 기쁠까, 행복할까
몇 날을 종종, 종종거린 글씨들이
젖어서 질퍽한 마당에 구석구석
동판으로 용접되어 보였다

구스타프 화난 어린이 동상보다
더 푸르게 혈관과 근육이 살아있는
아름다운 진짜 글씨

그래서 나도 어설픈 답가
〈그대들은 떠나가고〉로 끼적거려 본다.

이른 새벽
첫 예불 소리 들리기 무섭게 달려가
춤추듯 잘리어진 풀잎, 그 사이로
그대들 즈려 밟고 오시었지요

얼마나 푸른 하늘 보았을까요
옹기종기, 개나리 빛 나들이 생명 다한
유월 그믐날 씨암탉에다
그 추위 천둥 오롯이 품은
대추 한 아름은 또 어떻고
달빛 고운 날들 세워가며 올올이 영근
자두, 앵두, 보리수 열매에다
저 멀리서 시집온 자줏빛 감자까지

하늘마저 반겨주신 감미로운 바람결에
개구리 울음만 남긴 채 그대들은 떠나가고
텅 빈 함소헌含笑軒 사이로 펼쳐진 아스라한 불빛 보며
한참이나 서성이며 울었지요
그 사랑 복 겨워서

맨발서각 그리고 그대들은 떠나가고 / 53 × 34 × 18cm, 자연석 / 2011

하심下心 II

작은 새 한 마리가 석가모니에게 날아왔다.
"살려주세요. 아귀가 날 쫓고 있어요."
얼른 숨겨주니 이를 놓칠세라 아귀 역시
"네가 내 먹일 숨겼으니 그 만큼 보상해라."
고민 끝에 자신의 넓적다리 살을 떼어줬다.
그런데 아귀의 저울은 작은 새 쪽으로 기울어졌다.
다시 다른 쪽 살마저 떼어줬으나 기운 건 역시 그쪽이었다.
한참 고민 후에야 깨달은 듯 온 몸을 내어주니
그제야 수평을 이루게 되었다.

본생경本生經에 나오는 걸 생각하다보니
나 역시도 버금가는 살을 떼어낼 때가 된 것 같다.
수 십 년 묵혀온 습習이 하루아침에 바뀌랴만

下心 Ⅱ / 48 × 61cm, 흑목 / 2011

새해엔 이 몇 가지만이라도,

- 신호등 앞에서 진짜 너그러워지길
- 웃음치료사 자격증이 장롱 속에 안 묻히길
- 사물을 있는 그대로 바라보는 연습하기

눈 뜨인 새벽 4 시
이 순간 가장 밑바닥인 **下心**처럼

웃음

일상 중에 일어나는 미세한 감정을
글로 표현하고
짧지만 단정 짓지 않는 어구로
보는 이로 하여금
다양한 생각의 여운을
서각으로 표현하려 했건만

지식 일천하고
머리든 것 제대로 없는데다
이것저것 감투 쓰고
또 형식 체면 차리다보니
자연스러움을 바라는 것 자체가
억지 아니고 무엇이랴

원고 날짜는 다가오고
썼던 글 지우고 또 쓰고 지우다
갑갑함에 뒷산 올라
봄날 푸르른 하늘 바라보니
아지랑이 가물가물
알듯 모를 묘한 웃음 건네준다

'그래, 그게 네 모습이야
욕심 차린들 금방 들통 날 테고
더도 덜도 말고 있는 그대로를'

웃음 / 40 × 20.5cm, 느티나무 / 2010

제 발로 찾아드는

오란 소리 하지 않더라도
기를 쓰고 가는 거 보면 분명 뭔가가 있을테지

하긴,

연둣빛 새싹의 풋풋한 봄 향기로
뭇 생명들 초대하는 넉넉함에다
싱그러운 풀잎마다 매미소리 앞장서서
여름 날 작은 오케스트라 열연하고
단풍 천지 무대삼아 도토리 묵 나눠주는
가을날 잔치는 또 어떻고
세찬 바람 마다않고 백아절현伯牙絕絃 전설처럼
오롯이 즐기는 긴 겨울밤 가락은 말해 무엇하랴

굳이,

이것저것 떠벌리지 않더라도
기어코 제 발로 찾아드는 산의 자존감

제 발로 찾아드는 / 24 × 46 × 10cm, 자연석 / 2011

그 달빛 값만으로도

상현이라 희망이 부풀어지고
하현이라 조금씩 비워가는
홀가분함이 좋아
마음껏 즐겨하던 그 초승달

온갖,
눈치 보며 지은
밀양 땅 오두막집 느티나무 사이로
바라만 봐도 가슴 떨리는 초승달 척 걸쳐지니
그 달빛 값만으로도
이 세상 모두를 가진 듯하네

그 달빛 값만으로도 / 49 × 20.5 × 13cm, 자연석 / 2011

물처럼

남들 열심히 일할 때
눈치 안보고 맘껏 누릴 수 있다는 건 천운天運
그래, 천운 아니곤 달리 뭘 보태랴

이때다 싶어
생각만 해도 가슴 울렁거리는
남도 오월의 한 가운데

눈 감으니 황톳빛 어른거리더니
눈 뜨니 온통 푸르름 천지다

굳이 녹두장군 들먹이지 않더라도
오월의 소쇄원은
바람흔적 남겨진 댓잎의 싱그러움에다
때 마침 내린 소낙비로
때 이른 한여름 추억까지 선물케 한,

흘러내리는 황톳물의 여유로움 속으로
맹자의 영과盈科가 스쳐 지나간다

'조금이라도 패인 곳을 채우고 나서야 흐르는 물처럼'

물처럼 / 49 × 20.5 × 13cm, 화강암 / 2011

똥

목구멍에서
똥구멍까지
채 일미터 남짓 될까나

달라도
달라도
어찌 그리 다를 수 있으랴
.
.
.
.
.
.

사람들 마음이,

똥 / 32 × 52 × 17cm, 자연석 / 2011

멍게

누군 육 개월이고 일 년이라는데
난 한 오 년여 살았으니
운 억세게 좋다고들 모두 말하지만
난 그냥 파도소리 세월 따라 그리그리 살았는데
어떤 왕초보 꽉 쥐락 펴락 안 되는지
손짓 한 번에 베테랑 유유히 다가오고
이순신 칼 한두 번에 따라나선 생전 처음 외출

호흡 가쁘다, 말할 겨를 없이 도착한
낯선 밀양 땅 새벽녘
칼마저 무딘, 숫돌 서너 번 지나서야 겨우 몸뚱이 잘리고
바람결에 친구들 '억울해서 어쩌나…' 등 뒤에서 울리건만
이게 내 운명이다, 싶은 게
하긴 왕초보든 베테랑이든
이 순간의 나 멍게 하나만 기억해 준다면야
이 또한 욕심?

– 첫 스쿠버다이빙에서 멍게와의 만남을 소회하며

멍게 / 36 × 30m 20cm, 자연석 / 2011

잠시 쉬어간들,

몇 년 전
손 다쳤을 땐 하고 싶은 말 그리 많더니만
이번 다리 사고도 상태로 봐선 제법 있을 거 같은데,
뭐 그런 거 말이다

엄청 억울해 한다거나
운 억세게 없었다거나
아니면 평소 잘하던 벌컥, 화내면서 방방거린다거나
또 아니면……

훨체어 겨우 비키는 쬐그만 공간에
내지른 욕도 손꼽을 정도인거 보면
어디어디 간다고 세웠던 설레임도
지구본 몇 바퀴에 그리 갑갑치 않은 거 보면
하긴,
오늘따라 친구 메시지가 왜 자꾸 어른거리는가 했다

'삶의 정비공장에 잠시 머물고 있다고 생각하는 것도
몸이 가장 정직하지. 더 큰 깨달음을 위한 비싼 수업료 치뤘다고'

잠시 쉬어간들 / 28 × 33m 9cm, 자연석 / 2011

하늘 / 55 × 41 × 21cm, 자연석 / 2011

하늘

이건 또 뭔 팔자랴

올챙이 눈 뜰 때부터 삼복더위까지
땀인지 눈물인지 범벅된 농약도 모자라
이젠 자동차에까지 뿌려댄다
엄동설한 입김에 맺힌 고드름 친구삼아

그 잘난 구제역이란다

고기 몇 점 더 삼키려다
산 채로 왕창 본고향에 돌려주니
세상사 참 모를 일이다

하늘은
그렇게 이야기 하는데
바람은
또 그렇게 이야기 하는데

여름날엔 수박먹고
긴
겨울밤엔 무 씹는

미소

단풍나무 사이로 골고루 펼쳐진 가을햇살 바라보다
섬광처럼 스치는 지난 아내의 생일 메시지가,

“님이 있어 따뜻하고 행복합니다
오늘은 저의 생일입니다 따뜻한 님의 한 말씀 듣고 싶어요”

- 미리 축하를 못해줘 많이 많이 미안해~ 생일 정말 축하하고 사랑해~ 언니!
- 오우~~ 축하드립니다
- 귀한 현숙님! 님이 이 세상에 존재하는 것만으로도 축복입니다.
  태어나줘서 고마워요
- 쌤! 추카추카 올 엄니랑 생일이 같네요^^
  그나저나 대단한 내공이신대용 ㅋㅋ
- 하나되어 조화를 이루어가는 삶 속에서 마음껏 행복 가득하세요^^
  예쁜 미소님 생일 진심으로 축하해요

- 안샘 축하 추카 그대보고 싶어요. 미역국 맛있게 끓여 줄게 거창으로 오이소 추석 때 꿈에 보여서 그리웠는데
- 야! 오늘 생일이구나. 난 네가 있어 행복하다. 참 좋은 날이네 축하해
- 생일 축하합니다. 남편분도 하루빨리 완쾌되길 바랄께요. 행복한 생일 되시길
- 아~ 곁에 있지 못한게 넘 죄송하네요. 생일 축하해~ 사랑하는 나의 친구
- 정말 좋은 계절에 태어나셨네요^^
  난 한겨울에 태어나서 제대로 먹을것도 없었는데
  선생님 가을이 너무 빨리 왔네요. 가을 타는건 아니죠 ㅎㅎ
  오늘은 가족과 함께 보내야 할 것 같고 내일 번개 한번 할까요?
- 아침마당 보면서 가슴이 찡~~ 당신이 있어 너무 고마워요^^
  그리고~~~ 사랑해요

휴대폰 문자 하나에 쏟아지는 끝없는 축복의 선물들
어느새 석양가득 환한 미소가 펼쳐진다.

미소 / 37 × 24cm, 도자기 / 2011

한없이

하고 싶은 말
입속까지 맴돌아도
그 말 안했다는 것이
한없이 다행스러웠다는 때가 있다

한없이 / 54 × 27 × 12cm, 자연석 / 2011

흔적

행운인지 고난인지 알길 없지만
초보 주부 입문하여 간멸치, 다시다, 양파로 육수 내고
묵은 김치, 만두 등 너댓가지로 '이봉진표' 국 내미니
맛 감정에 도통한 양념딸 얼굴 표정이 괜찮은 듯
이게 어디야, 하기도 무섭게

– 아빠, 근데 국에 너무 많이 넣은 거 아닌가요?
– 그래? 나는 괜찮은디
– 그렇게 단순, 담백해야 한다더니 걔들 어디 소풍갔나 봐요
– 하하하
– 호호호

버리긴 아깝고 냉장고에 두자니 그렇고
이것저것 넣은 게
꽁꽁 숨겨둔 지난 가난의 흔적처럼 내비치니

아, 이를 우짤꺼나

흔적 / 48 × 20.5cm, 옛도마 · 박달나무 / 2010

그래도

그래도,
살만한지 곳곳마다 둘레길이다
북적이는 사람들 사이로 고개 들어보니 새파란 하늘 천지다
튼실한 겨울나무 보이기에 잠시 쉬다보니
낯익은 명찰 눈에 띈다

품종 : 서어나무
분포 : 한국 · 중국
용도 : 땔감용

마치 기다린 듯
북풍 온몸으로 맞으며 넋두리하듯 가질 흔들어댄다

'물설고 땅 낯선 바위틈에
홀씨 날아와 지내기를 수 십 여년
8.15, 6.25, 4.19, 5.16, 12.12…

모진 풍상 다 견뎌
이젠 다리 쭈~욱 펴고 살만하가 싶더니만
아직도 6,70년대라도 되듯 겨우 한다는 말이
뭐, 땔감용~
그래도 그렇지, 땔감용이란다
그것도 온 동네방네 소문 다 내면서…'

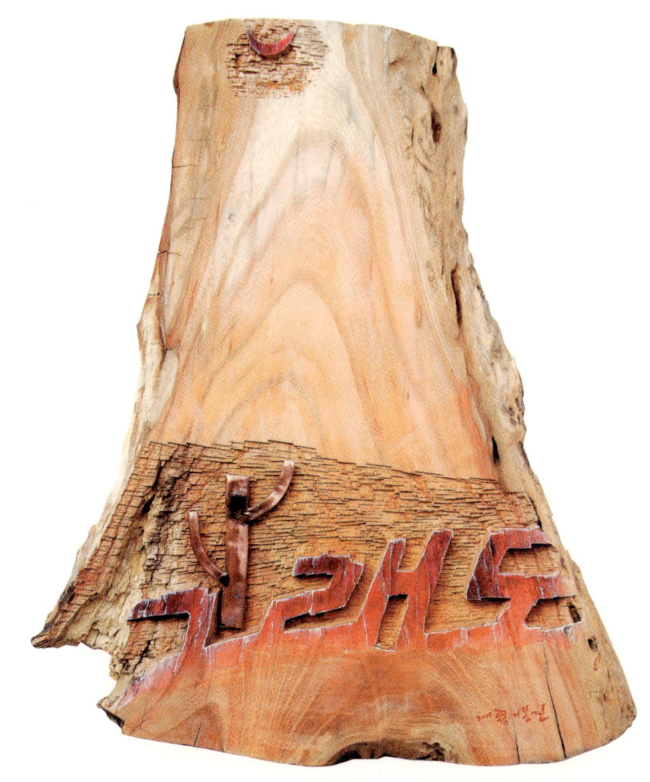

그래도 / 58 × 47cm, 느티나무 · 동파이프 / 2010

꿈같은

설핏 잠들었나 싶었는데
쾅□ 이런 진짜같은 꿈도 있나, 싶기도 전에
바닷물 두어 되 박 들이키니
참말로 꿈같은 현실이란 말이
이를 두고 하는 말이것제

차가울래야 이리도 차가울 수가
짤래야 요로콤 짤 수가
깜깜해도 이보다 더 깜깜할 수가

목까지 차오르고서야
비로소 눈물 속에 두고 온 딸이 어른거린다.
'아빠 이제 간데이~ 잘 살아 내 몫까지'
– 천안함 46위 영전에 바치며

꿈같은 / 31 × 44.5cm, 느티나무 · 기와 / 2010

인드라망

헌 냉장고 뒷켠의 동파이프를
새 생명 불어넣으려 자르고 또 잘라
가는 선으로 용접하는 순간
와르르~ 다시금 와르르~
아, 이게 바로 인드라망이구나, 하는 생각

※인드라는 본래 인도의 수많은 신 가운데 하나로 제석천帝釋天이라고 한다. 신력이 뛰어나 부처님 전생 때부터 그 수행의 장에 출현하여 수행을 외호外護하는 신으로 표현되어 있다. 바로 이 제석천의 궁전에는 무수한 구슬로 만들어진 그물(인드라망)이 있다. 이 세상은 본래 한 몸 한 생명의 인드라망 생명공동체이다. 이는 세상의 모든 존재가 서로에게 빛과 생명을 주는 더불어 사는 존재임을 상징하고 있다.

인드라망 / 40× 72.5cm, 옛마루판 · 동파이프 / 2009

시원한

부자가
부담스러운 것은
그들의 시원한 에어컨 뒤에서 내뿜는
헉헉되는
뜨거운 바람 때문도 있을거야

시원한 / 50 × 30 × 12cm, 자연석 / 2011

순간

그 조마조마한 틈을 타서 뭉툭한
링거 바늘이 쿡~들어왔다
'내 몸이 내 마음을 배반하고… 탕!'
자신이 쏜 총에 죽은 헤밍웨이의 마지막 말이
순간 뇌리를 스친다

가만,
'몸이 마음을 배반하고… 탕!' 이라고?
몸을 이리저리 끌고 다닌 게 누군데
겨우 한다는 게 몸 타령이다
배반당한 건 진짜 몸인데 말이다

순간 / 27 × 49 × 15cm, 화강암 / 2011

11월

빨갛게 멍든 코에다
휑하니 뚫린 이마
간밤에 할퀴어진 귓볼
게다가 출산 앞둔 아낙의 충혈된 눈처럼

가을이 떨고있네

11월 / 50 × 25 × 12cm, 자연석 / 2011

뉴욕 / 27 × 45 × 15cm, 화강암 / 2011

뉴욕

길이란 게 서로 마주 봐야만 제 맛일진대
온통 일방통행이란다
마주 오는 표정도 쳐다보면 제법 쏠쏠한디
뒷 꽁무니만 쳐다보면 뭔 재민겨

앞만 죽자사자 달려봤자
지는 해 따라잡긴 힘들텐데

무조건 웃음이다

이십은 진주에서 삼십은 거창에서 사십엔,

마트 진열대마냥 반듯한 창원에 오면 다 끝날 줄 알았는데
또 가슴앓이 시작하다
오십 바라보는 이 나이에도 가끔씩
감동하는 것 보면 아직 쓸 만한 거 같은데
자세히 뜯어보면 상처, 상처투성이다

가슴 한 켠은 가다만 겨울바람에 아리고
왼쪽 종아린 천하의 다이아몬드 칼에 살점 날아가고
또 왼쪽이구나. 손가락엔 철심 여럿 엮여있고
천지 날뛰는 이 심장은 언제 철들지 모르고,

허~허~허~

허~허~허~

암만 그래도 올해는 웃음이다

무조건 웃음이다 □

무조건 웃음이다 / 33 × 28 × 21cm, 자연석 / 2011

뭉치

우리 집 강아지 '뭉치' 이야기다
눈 귀한 창원에 온통 눈 천지였던 작년 이맘때던가
태어난 세 마리 가운데 유일하게 살아남아
이젠 내 생활의 일부처럼 인연될 줄이야

매일 새벽 오백 십 미터의 비음산飛音山을 순식간에
오르고서야 직성이 풀리는지 되돌아보는
이젠 득음得音의 경지에 올랐겠구나, 싶어 손 내미는 순간
아니, 이게 뭔 냄새야?
목덜미엔 그야말로 똥칠갑이다

"우째, 네가 그럴 수 있냐?"
"……(내가 뭐 어때서요?)"
"온통 똥이잖아. 그냥 묻은 것도 아니고 일부러 묻힌거네"
"……(제발 날 사람 취급하지 마세요. 난 강아지란 말이예요)"

뭉치 / 28 × 58cm, 느티나무 / 2012

김점선

-그녀는 말한다
'수학문제를 풀려거든 일단 문제를 깔봐야 한다
그러면 안 풀리는 문제가 없다
내가 죽을 때 유언을 못하거든 그게 내 유언인 줄 알아라'
말하면서 달력 종이를 부욱 찢어 밤새
하나밖에 없는 중학생 아들에게 한 말이다

-인간관계는 그렇게 유지해야 하는 거야
때로는 과감하게 자기정서를 보호할 수 있어야 해
절대 나누고 싶지 않은 정서도 있게 마련이지
우리는 그런 사이야. 아주 건강하고 튼튼한 사이

-생각이 잠기면 몇 시간씩 서서…
7시간이나 장승처럼 서서 생각에 잠긴 소크라테스!
홀가분한 행복, 정신적인 해방
인간은 소유를 원하지만 반대로 무소유도 원한다

-내 몸은 현명하다
내 정신은 이 사건을 며칠이고 음미하고 나서야
백 시간쯤 후에야 문장으로 표현하는데
내 몸은 그 자리에서 감동으로 울고 있었다
채 알아채기 전에 이미 몸은 뜨거운 눈물을 한없이 만들어서
두 눈을 통해 흘러내리고 있었다

……

지난 힘든 순간 병실에서 만났던
말(馬)의 화가 김점선의 책 몇 구절이다
그림도 노동이라며 미친듯이 그려낸
열정의 그녀가 오늘따라 많이 그립다

김점선 / 73 × 20cm, 느티나무 / 2010

엄니

일곱 살부터 기억한대도 한 칠십여 년,
말이 쉬워 칠십년이지 눈치만 봐도 뭘 원하는지 뭔 생각인지
그 총기聰氣야 하늘도 알테지만
모두들 혀 끌끌 차며 하는 말이,

'우째 월성댁이 저리 됐노?'

예전엔 머릿속에 넣기만 하면
곱씹고 또 곱씹어 밤새는 일 허다했건만
요즘엔 넣자마자 그야말로 한강투석漢江投石이다

근데 희한한건
기억 좀 안 난다고 죽을 일도, 걱정 한들 될 거 안 될 것도
남들은 치매, 치매하면서 골치 아파 죽겠다지만
난 지금의 엄니가 참 좋다

하긴 머리도 쉬어야지
안 그러고서야 광우병이니 비자금이니 나꼼수니……
뇌 용량이 집채만 한들
우째 제 정신으로 하루인들 견디랴

엄니 / 40 × 30 × 15cm, 자연석 / 2011

소망

“포상기태입니다.”
“예?”

한 마디로 말해 ‘자궁외 임신’ 이니 당장 낙태해야 한단다
그것도 사년도 아닌 육년제 면허증이 빤히 보이는
안경 너머로 비쳐진 눈 속엔 확신 가득 찬 모습으로

순간 여긴 아니다, 싫어 무작정 두어 시간 걸리는
병원으로 가는 도중 휴게소에서의 국밥 한 그릇
기억나는 건 입속에 온통 모래알 범벅이었다는 것

“지금은 단정 짓기 어렵고… 한 주간 더 지켜 보입시더”

그렇게 태어난 야무딱진 딸이 벌써 고3高三
아니, 시쳇말로 귀신도 고개 흔든다는 고3苦三이다

좋은 계절에 태어난 생일축하 자리에서
힘들어하는 딸을 보더니 갑자기 진지해진 아내 왈,

"모두들 천국을 소망하지만 그렇게 싫어하는 죽음을 거치고 나서야 거기 갈 수 있다는 것 혹 아니?"

지금까지 들었던 말 중에 최고였던 거 같다
몇 일 지난 지금까지도 기억 또렷한 거 보면

소망 / 43 × 33 × 8cm, 자연석 / 2011

함소헌

육중한 돌,
무식하게 무게를 재어보니 2,650kg이다
이게 모두 금이라면, 웃음 머금기도 전에 턱까지 빼근하다
그러고 보니 참 엄청난 돌이건만
삼년이나 우두커니 세워두고
이제야 '함소헌含笑軒' 이름 매기려 깨우다보니
게으른뱅이 해질녘에 장에 간다는 짝이랄까
하긴, '웃음을 머금은 집'이 그냥 오긴 하겠는가
공짜가 어디 늘 공짜던가 말이다

몇 번 정 두드리다 비 오면
쉬었다 하라는 하늘의 뜻인가보다 막걸리 한잔 하고
개였다 싶어 다시 두드려 함소헌의 하늘 보면
어느새 막걸린 또 춤추자고 손 내밀고
그러길 한 사나흘쯤 지났을까

작품은 역시나 하늘이 하는가보다

함소헌 / 60 × 227 × 72cm, 자연석 / 2011

나무의 생에서 인생을 우려내다

오 양 수 (시인)

나무는 오래될수록 재목으로 좋다고 한다. 사람은 나이 먹으면 젊은이에게 자리를 내어주고 물러앉아야 어르신다운 처신이라고들 하지만 나무의 경우는 조금 다르다. 속이 텅 비어 버린다거나, 내공이 들어 예술적 가치 표현에 꽤나 쓸모가 있어 후한 대접을 받기도 한다지 아니하던가. 이봉진 작가는 그 점에 대하여 콕 짚어 서각의 재료로 사용하고 있음에 그 안목이 도편수 이상이라고 해도 과언은 아니리라.

이봉진의 작품은 생의 진리를 담고 있다.

이봉진 작가는 나무의 결, 향, 빛깔, 굽이, 옹이 등을 낱낱이 꿰뚫어 나무의 물성을 예술적 아름다움으로 빚어내는 데 장인이다. 밥 위에 떡이요 떡 위에 꿀을 바른 듯 아름다움의 층위를 한 층 한 층 돋워 간다. 나무의 생김새를 크게 변화시키지 않으며 나무의 본성을 최대한 살려 글자를 새기고 생의 진리를 엮어내느라 산고가 이만저만이 아니다.

손 관절의 노여움을 사서 병원 신세를 지는 긴긴 앓이의 시간도 그는 예술적 아름다움을 더하는 계기로 삼았다지 않는가. 나무를 다루는 솜씨 또한 나무사랑의 뜨거운 가슴 아니고는 해 낼 수 없는 지난한 고통을 감수한 것이다. 처절한 생의 연금술사 아니고는 상상할 수 없는 역작인 것이다. 불혹의 세월을 살면서 몸으로 입으로 뜻으로 행하여 얻은 업業은 가히 노송의 옹이에 담긴 향기와도 같다. 나무의 향기는 비록 흔적으로 남지 않으나 후각의 기억 속에 오래 남는다.

〈맨몸〉 두 글자가 새겨진 작품을 보자. 간소하게 그리고 더 간소하게 살고자 하는 도 닦은 수도자의 삶을 연상하게 한다. 맨몸만큼 정직한 대상이 또 어디 있겠는가.

있는 그대로의 모습이 가장 아름다운 소유다. 더도 덜도 아니게 지닌 꼭 그대로의 순수는 우리들의 오래된 그리움이 아니던가. 불가에서는 물질이 곧 공(空)이라 했다. 그저 잠시잠깐 맡아서 간직할 뿐 내 것이 아니라 했다. 옷가지 걸치고 이름 앞에 수식어 몇 거느린다 한들 맨 몸 만큼 여백 있고 운치 있는 대상이 흔치 않을 것이다.

마치 아기를 갖은 산모의 맨몸을 보는듯하여 산달産月이 손꼽아 지는 작품이다.

〈그 발자취를 따라〉 작품을 보자. 인생철학을 논한 노 철학자의 걸음걸이가 보인다. 그의 삭론을 듣고 있는 듯하다. 동파이프로 적迹자를 용접하여 더한 작품은 백미白眉다. 야구방망이 모양의 애벌레의 생을 그대로 살려 인생살이에 견주어 작품으로 승화해 낸 것이다. 우리네 인생살이 역시 매 순간의 흔적이 우리 영혼에 그대로 새겨짐을 역설하고 있는 것이리라. 순하고 착하게 사는 이들의 흔적, 남 못할 일시키며 억지스럽게 산 흔적, 편리하고 이해득실을 좇아 산 앓이의 깊은 상처… 그러나 〈부드럽고 약한 것이 굳세고 강한 것을 이긴다.〉고 마무리 짓고 있다.

적迹자 한 자로도 이처럼 의미심장한 생의 메시지를 메아리를 주는 걸작인 것이다.

〈귀향〉 작품은 눈시울 적시게 하는 서정이 담긴 수작秀作이다.

어머니 뱃속으로
다시 들어가다
살점 뜯기고
마음 가난해진 새벽녘에야
비로소
귀향

연어의 이미지를 차용하여 인간의 귀향을 그려내고자 한 것이리라. 어머니 뱃속으로의 귀향이란다. 그냥 귀향하는 것이 아니다. 살점 뜯기고 마음 가난해진 새벽녘에야 비로소 귀향하는 연어 곧 작가 자신이 연어가 되어 할 일 다 마치고 앙상한 가시만 남은 몸으로 새벽녘에야 귀소하게 되는 처절한 생의 본질이 메아리치는 작품이다. 단단하나 유연하여 고개 끄덕여 지는 진리의 발굴이다.

〈되돌아보니〉 작품은 아름다운 마무리를 위해 뒤안길에 눈여겨보라는 주문 같다.

나이 들면서 버려야 할 것들을 작가 자신의 삶에서 추출해 놓은 듯하다. 고집, 타성, 밴댕이 속 뭐 그런 것들은 추하니 곱게 늙어가는 지팡이의 사용법을 은근히 주문하고 있는 것일 게다. 불혹의 삶에서 벌써 저만큼 앞질러 깨달은 삶의 인생초록 같기도 하여 마음 한층 내려 앉는 기분이다. 하여튼 뒤돌아 볼 일이다. 이봉진 작품에는 시심이 담겨 있다.

이봉진은 서각가요 시인이다. 글자 한자 한자에 잠언이 어려 있고 아름다운 삶을 위한 생각이나 실천을 위한 양식이요 찬거리가 그득히 담겨 있다. 싱그러운 채전을 가꾸는 시인이다. 월간《문학저널》 신인문학상 수상으로 등단한 서각가 이봉진은 서각에 차용할 낱말을 간택하는데 있어서 태아를 기르는 산모처럼 간절하다.

예술적 언어 사용능력이 절실히 필요한 시와 서각의 만남이기에 더욱 서각과 시는 협응이 잘 되어야 빛낼 수 있다. 콤비네이션이 잘 이루어져야 훌륭한 작품을 창출해 낼 수 있기에 서각가가 시인인 것은 피아노를 위한 바이올린 협주곡 같은 연분이 있어야 한다는 이야기다.

즉 서각으로 새겨지는 낱말은 그 낱말 자체가 詩語일 때 한층 향기와 메아리가 담기기 때문이다. 이런 관점에서 이봉진 서각가는 시인으로 등단 활동함으로써 호랑이에게 날개를 단 셈이다.

〈바람같은 자유함이… 한없는 여유로움이… 이 순간의 소중함이〉 작품은 기념비 적이다. 수행을 마친 수도자요 화두를 푼 선승처럼 세상일에 꺼리낄 것이 없는 자유자재의 영혼을 갈망하게 만드는 작품이다. 진정 명치끝이 물파스를 바른 듯 바람이 스며든다.

〈빨래〉 작품은 성철스님의 〈헐〉이 생각나게 한다. 〈물은 물이요 산은 산이로다〉 그런 징소리의 여운 같은 느낌이다.

하늘
두 줄로 갈라
가냘픈 천 척 걸치니
펼쳐진 건
영원한 자유로움

갈라놓았으나 영원한 자유로움이란다. 길에 그림자 앉았으나 먼지 일지 않고, 연못에 달이 들었으나 물결이 일지 않는다는 선시禪詩처럼 그러건 말건 자유지제한 시공간 적 어백을 누리고 싶은 현대인들의 안타까움이 담긴 우수작이다.

〈희망〉 작품은 백과사전을 다시 쓰게 만들 의도가 담긴 것 같다. 상처란, 이미 나아 고통은 사라졌으나 그 순간은 참 힘들었다는 표징이요 두 번 다시 되풀이 하고 싶지 않은 또 다른 희망의 표상이란다. 참으로 기가 막힌 절규 아닌가. 이쯤 되면 국어대사전을 집필한 이희승 박사가 지하에서 잠깨어나 지필묵을 다시 드시겠다.

〈미안하다〉 작품은 신체발부는 수지부모라는 데 부모뿐 아니라 자기 자신의 오른손에게 솔직히 고백하는 동심을 만나게도 한다. 우리네 일상에서 사람과 사람의 부드러운 만남을 위해 꼭 필요한 말이나 그리 쉽게 입에서 나오지 않는 말이 곧 〈미안하다〉 다. 마음을 열어 주는 마중물 같은 말이 곧 〈미안하다〉 일 것이다.

이 작품은 거실에 걸어 두고 가훈으로 익히 상용해야할 名句이다.

〈쌀을 씻다보니〉 이 작품 역시 소중한 의식을 깨우는 생활 이야기다. 시인이 아니고서는 이러한 이미지를 낚아 올릴 수 없으리라 여겨진다. 애정을 가지고 주의 깊게 보고 생각해야만 발굴할 소재다. 귀한 물체나 사물이지만 어떤 상황이나 경우로인하여 제 소임을 다하지 못하게 되는 불운도 있을 것이라는 가설적 명제를 다룬 윤리 선생님의 안목으로 시인의 가슴으로 서각가의 곧은 성품으로 세인의 가슴에 새기고자 했던 내용이 아니었나 생각 된다.

이봉진의 작품은 갖은 앎이와 예술성이 발현된 종합예술의 퍼포먼스다.

귀로 듣는 시와 눈으로 보는 서각 그리고 나무의 한 살이, 결, 향기, 빛깔, 굽이, 옹이 그 모두가 美의 소재요 협응이 잘된 심포니요 서각이요 詩이기 때문이다.

지난번 〈서각아 놀자〉에 이어 두 번째 출간하는 〈쌀을 씻다보니〉 책을 통해 볼 때 곡목 이봉진은 서각가요 시인으로서의 탄탄한 저력을 다지는 계기가 되었을 줄 믿으며 더욱 정진하는 작가의 기량을 빌어 본다.

축하의 인사말씀과 함께 축가도 띄어 보내고 싶다.

2009. 10. 20.

윤리를 전공했다고 하면 내 행동이 영~ 아닌지
의아해하는 사람들이 적지 않다.
그래도 윤리를 가르치다보니 이 정도나마 되었다고 하면
모두들 한바탕 웃는다.

그런 윤리(도덕)를 수십여 년 넘게 가르치면서
나름대로 정착한 게 십 수 년 이어온 토론식 발표수업(두레탐구학습)이다.
내 수업의 지론은 일단 재밌어야 한다는 것
그래서 졸고 있는 학생이 있다면 내 책임도 크다는 것
아울러 교사중심의 주입식 교육이라면
내가 갖고 있는 지식의 한계를 못 벗어나겠지만
그들에게 기회를 준다면 대단한 시너지 효과를 불 수 있다는 것
그래서 서로가 서로의 스승이 될 수 있다는 것
거창한 표현을 한다면 바로 교학상장敎學相長이라는 거겠지.

– 자, 오늘 발표는 2학년 7반 몇 모둠이죠?
– (모두들) 2모둠요.
– 그럼, 오늘 준비한 단원은요?
– 예, '인간의 욕구와 도덕적 의무 간의 갈등' 입니다.
– 그렇죠. 난 이 단원이 참 맘에 드는데…
자, 2모둠을 위해 박수 함 쳐 봅시다.
– (모두들) 짝~짝~짝~

많이도 준비했는지 눈망울이 초롱초롱하다.
한편으로 수행평가 점수도 가미되었으니 얼마나 긴장이 되랴.
발표 도중 교과서 내용으로 재민이 이야기가 나왔다.

"재민이가 새로 개봉한 영화를 남자친구와 보기로 했다.
근데 매진되어 들어갈 수 없었다. 그러자 옆에 있던 아저씨가
'2천원만 더 내요.' 라며 암표를 권했다.
재민이의 고민은 여기서부터 시작되었다.
규범을 지키느냐 아님 욕구대로 영화를 보느냐…"

모둠발표 도중 즉석에서
모둠장 민지에게 이런 제안을 하니,

– 민지야, 네가 재민이 역할이고 난 네 남자친구 역할 어때?
  아이들의 표정이 일그러지면서 다른 쪽에선 야유까지 보낸다.
– 아니지, 이 정도 얼굴이면 잘 생긴 편 아닌가? 하하하

들리는 건 '에~~~이~~~' 뿐이다.
그렇던 어떻든 민지에게 다가가 한마딜 건넸다.

– 민지야, 나 오늘 너무 기분 좋다. 네가 영화 보여준대서.
– 아, 예~~~~
– 우리 친구니까 말 놓아야지.
– 으~응… 봉진아!

갑자기 자지러지는 소리가 곳곳에서 터진다.
이보다 더 통쾌할 수 없다는 느낌이랄까.

- 빨리 영화표 사 와. 내 생일이라 이렇게 영화 보여주니 기분 참 좋네.
  민지야, 나 사실 너랑 영화 본다고 생각하니 어젠 잠이 안 오더라.
- 그래? 그럼 빨리 표 사올께.
- …….
- 근데, 어쩌지? 영화표가 다 매진되었대.
- 아니. 그럴 리가? 근데 저쪽에 아저씨가 손짓하는데?
  빨리 가봐. 혹, 표 있을지 모르잖아.

(그 사이에 민지는 그 쪽으로 가서 뭔가 이야기를 주고 받는다.)

- 봉진아, 그런데 저 아저씨가 2천원을 더 달래?
- 그래? 그럼 2천원 더 주고 빨리 사야지. 상영시간도 다 되었는데.
- 안돼. 난 그럴 수 없어. 그건 불법이잖아.
- 에게게… 괜찮아 빨리 사와.
- ……
- 민지 너 나 좋아 안하는구나. 난 지난번 네 생일 때 영화도 보여주고
  선물도 하고 그랬는데… 기억 안나?

벌써 아이들은 웃느라 온 교실이 떠나갈 듯하다.

- 가만 보니 민지 너 너무 쩨쩨한 거 같아. 겨우 2천원 가지고…
- 그래도 법에 어긋난 행동은 해서는 안 되지.
- 그런데 넌 지난번에 빨간 신호등일 때 건넌 적도 있고,
  휴지도 함부로 버리더니만…
- 그땐 너무 바빠서 그랬었고, 우리 다음에 영화보자. 다음에 보여줄게. 응?
- 싫어! 난 지금 보고 싶단 말이야.

아이들은 그야말로 배꼽을 잡는다.

- 그럼, 우리 헤어지자.
- 아니. 민지야 우째 이런 일로 그런 말을 할 수 있어?
  지금 개그콘서트 '생활의 발견' 찍는 것도 아니고
- 봉진이 네가 자꾸 그러니까 그렇지. 그래서 정 그러면 우리 헤어지자.

이것으로 일단락 역할극이 끝나니
느닷없이 저쪽 3모둠장 윤영이가 손을 들어 질문을 한다.

–선생님, 암표가 뭐예요?

순간, 웃음이 빵~ 터지려다…참 중학교 2학년이면 모를 수도 있겠다 싶어
- 와, 정말 좋은 질문을 했네.
  자~ 7모둠장 경인이가 이야기 해 볼래요?
- (멈칫하다) 아주 정교하게 복사한 표 아닌가요?

이번에도 아이들이 웃음이 터진다.
그래도 다른 학생들은 어떤가 싶어 질문해보니,
- 그럼, 옆에 6모둠장 성현이 생각은요?
- (의기양양한 듯) 그건 음~ 밀수해서 한꺼번에 싸게 구입한 표 같은데요.

이젠 갈 때까지 가 보자 싶어 다시 5모둠장 순주에게 물었다.
- (약간 신중한 태도로) 그건 자기가 필요해서 산 게 아니라 돈을 벌 목적으로
  표를 산 것을 말하는 것입니다.

그제야 아이들에게 다시 물어본다.
- 이 세 명 중 몇 모둠장 이야기가 맞는 건가요?
- (많은 학생들이) 5모둠장요.

그때서야 수긍을 하는 표정을 하는데
갑자기 한 학생이 7모둠장 경인이 이야기에 의의를 건다.

- 정교하게 복사하면 좌석표가 중복되어 너도 나도 사람이 몰리면 어쩌려고?
- 그렇지? 서로 자기 자리라고 막 싸움 나겠지. 하하하

어느새 발표하고 토론해보니 마칠 시간이 된 거 같다.

- 오늘 수업 어때요?
- (모두들) 예. 재밌어요!!!
- 근데 재밌는 게 다는 아닌 거 같아요.
  도덕은 어떤 과목보다도 쉬운 편인데, 문제는 유치원부터 초등학생들은 기본 질서를 잘 지키는데 중학생부터는 잘 안 지킨다는 거죠. 어른이 될수록 암표는 더 사라지지 않고요. 만약 시험에 암표에 관한 문제를 냈다면 모두들 맞출 거예요. 절대 안산다고!!!

그런데 실제로는 암표를 사겠다는 학생이 7~80% 되는 거보면 이건 분명 뭔가 잘못됐다는 거죠. 그래서 난 이 수업을 통해 설령 암표를 살 상황이더라도 최소한 고민에 고민을 하면서 샀으면 좋겠다는 거죠.

나 역시 인생을 좀 살았지만 여러분한테 자유롭지 못한 모습들이 많아요. 어쩌면 이 이야기가 모두 나한테 하는 말일 수도 있고요. 그래서 우리 모두 앞으로 잘 실천할 수 있도록 힘찬 박수 한번 쳐 봅시다.

진짜 행복한 수업시간이었다.
하늘은 더할 나위 없이 맑아 보이고.

2012. 9. 27. 교무실에서

曲木 이봉진

어릴 적부터 새기고 그리는데 관심이 많아
지금도 그때의 흔적이 온 몸 곳곳에 남아 있음.
뭐든 해야 할 시기가 있지만 시작만 한다면
언젠간 꿈이 이루어질 것이라는 확신을 갖고 살아감.

비를 무척이나 좋아하며
이른 새벽 집 가까운 산행을 통해 많은 영감을 받음.
그래서 최고의 스승은 자연이라는 생각을 갈수록 많이 함.

"일상 중에 일어나는 미세한 감정을 글로 표현하고
짧지만 단정 짓지 않는 어구로
보는 이로 하여금 다양한 생각의 여운을
남기려고 노력하는 작가"라는 말을 소중히 여기고 있음.

개인전 10회를 비롯하여
경상남도미술대전 대상, 대한민국서각대전, 대한민국미술대전에서
다수의 상을 수상함.
아울러 《월간 문학저널》 시 부문 신인상으로 등단함.

현재는
한국미술협회 회원 그리고 햇살 좋은 밀양의 함소헌(含笑軒)이라는
쬐끄만 작업실에서 서각에 대한 고민을 엄청 많이 함.

저서로는,
『서각아 놀자』
『쌀을 씻다보니』
『한국의 서각- 전통에서 현대까지』 공저가 있다.

안현숙 그림 / 55 × 40cm, 연필화 / 2016년

曲木 이봉진

휴대폰 010-5166-2562
이메일 gogmog@hanmail.net
홈페이지 http://blog.naver.com/gogmog

현·직·윤·리·교·사·가·펼·치·는

서·각·과·그·주·변·이·야·기·들

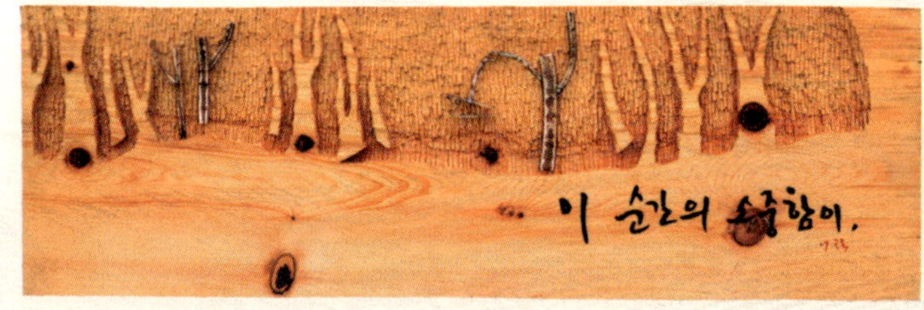

저자와의
협의하에
인지생략

쌀을 씻다보니

1판발행 2012年 10月 15日
2판발행 2023年 8月 15日

지은이 이 봉 진
발행인 이 홍 연
발행처 (주)이화문화출판사

등록번호 제300-2001-138
주소 (우)03163 서울시 종로구 인사동길 12 대일빌딩 3층
전화 02-732-7091~3 (구입 문의), FAX 02-725-5153
02-738-9880 (대표전화)
FAX 02-738-9887
홈페이지 www.makebook.net

ISBN 979-11-5547-568-3

값 18,000원